FDJ
Perguntas
& Respostas

Autores Diversos

FDJ
Perguntas & Respostas

Aliança

1ª edição, 1ª reimpressão, Junho/2023, de 3.001 a 4.000 exemplares

---

Título
Perguntas e Respostas

Autor
Autores diversos

Revisão
Maria Aparecida Amaral

Diagramação
MMS

Capa
Elifas Alves

Impressão
Graphium Gráfica e Editora Ltda.

Ficha Catalográfica

Dados Internacionais de Catalogação na Publicação (CIP)
— Câmara Brasileira do Livro | SP | Brasil —

Diversos, Autores
Perguntas e Respostas / Diversos
Autores. - São Paulo: Editora Aliança, 2004.

ISBN: 978-85-7008-069-1 / 272 páginas.

1. Espiritismo I. Título.

CDD-133.9

Editora Aliança

Rua Major Diogo, 511 - Bela Vista - São Paulo - SP
CEP 01324-001 | Tel.: (11) 2105-2600
www.editoraalianca.com.br | editora@editoraalianca.com.br

ALERTA I

"Se tudo terminasse na Escola de Aprendizes do Evangelho, haveria dispersão, insegurança, domínio personalista, influência individual, negligência, esmorecimento no esforço e nas convicções; tudo isto deixa de existir se o discípulo sabe que está apoiado, sustentado, amado como sempre e pronto para ser orientado e acudido em qualquer circunstância."

Edgard Armond
10/12/1981

(in *Edgard Armond, Meu Pai,* pág. 180)

ALERTA II

Na casa dos quinhentos, em memória do último dia da Galileia, nós prepararemos na iniciação primária os candidatos à Verdade. Solicitar-lhes-emos de pronto o exercício da luta, na dualidade do bem e do mal, para que o primeiro vença aquela e o homem se liberte do animal; para que o Espírito conquiste a fera que existe dentro dele e, depois de domá-la, parta feliz para o lar bendito dos setenta, aqueles que ouviram de mais de perto o "Ide e Pregai", onde então atingirão os primeiros sentimentos de dar sem saber porque dão; do servir sob a bênção e alegria de servir, sintonizar de perto com as vibrações melhores e nas delicadas vibrações coloridas do bem, da virtude do sentimento, marcharem o próximo degrau da perfeição, no colégio apostólico dos doze discípulos, em cujo seio a palavra do Senhor se manifestará mais tarde, chamando-os de bem amados e elegendo-os escolhidos para as tarefas mais difíceis, onde aqueles que estiverem escravos do pecado, ou os que não estiverem exercitados no sacrifício, não poderão pugnar, porque serão vencidos e derrotados nas primeiras instâncias da luta!

Razin
São Paulo, 22/4/1954

Mensagem para a Fraternidade dos Discípulos
de Jesus", ver págs. 184-188)

SUMÁRIO

1ª Parte

2ª Parte

1ª Parte

PLANO CONVITE DA ESCOLA DE APRENDIZES DO EVANGELHO

(Excerto)

– 1 –

A gravidade da hora que passa, na expectativa de profundas modificações na vida do homem sobre a Terra e os avisos que nos são dados continuamente, do Alto, no sentido de se preparar o mundo para futuros dias tormentosos, exigem a formação de bases firmes para apoio da fé, da esperança e da caridade entre os homens.

– 2 –

A transição para o Terceiro Milênio, já tão próxima e que prenuncia maiores sofrimentos e inquietações, exige a formação de núcleos espirituais poderosos na superfície terrena, para que as verdades eternas permaneçam vivas, resistam aos cataclismos destruidores e à confusão que vai imperar no coração dos homens.

– 3 –

É urgente a formação de legiões de trabalhadores de boa vontade para agirem nos momentos oportunos como instrumentos conscientes, humildes e disciplinados, dos Espíritos Diretores do mundo, auxiliares do Cristo.

– 4 –

Em certas épocas, como a atual, o esforço individual isolado, por mais sincero que seja, não basta nem corresponde às necessidades gerais: somente organismos coletivos poderosos, fortificados na fé, dotados de espírito de renúncia e de sacrifício e apoiados pelo Alto poderão fazer frente às necessidades humanas, inspirar confiança e auxiliar a evolução.

– 5 –

Por isto, nesta data, se cria, nesta Federação[1], a **Escola de Aprendizes do Evangelho** — destinada a apressar a primeira etapa da iniciação de todos aqueles que se comprometem consigo e com Jesus:

1. a se edificarem no estudo aprofundado do Evangelho e na sua exemplificação, segundo as possibilidades evolutivas de cada um;

2. a eliminarem os vícios que possuam;

3. a organizarem um **quadro-programa** de defeitos morais e se empenharem por extingui-los ou, no mínimo, por atenuá-los, gradativamente, num esforço contínuo de todos os dias;

4. a realizarem um trabalho constante, sincero e definitivo, de purificação de corpo e espírito.

Se comprometam mais:

a) a manterem-se unidos, congregados fraternamente, dispostos à formação de uma unidade espiritual poderosa, destinada a auxiliar os necessitados encarnados e desencarnados;

b) a se conservarem à disposição permanente e vigilante, dos Espíritos Superiores, auxiliares do Cristo, para a realização de suas santificantes tarefas planetárias;

c) a se esforçarem nesta fraternidade de aprendizes até que, por seus próprios atos e méritos, possam se transformar em autênticos discípulos do Cristo, em espírito e verdade.

Edgard Armond
15/10/1950
(in *Iniciação Espírita*, pág. 5 e 6)

[1] Federação Espírita do Estado de São Paulo – FEESP.

UMA EXPERIÊNCIA MÍSTICA

Esta talvez seja a melhor expressão para descrever o estado de emoção superior que nos preenche e nos move quando tocados pelo amor do Cristo.

É como se não coubéssemos em nós mesmos, tudo ganha um brilho especial, a vida parece leve e solta, flui como uma suave brisa, como luz que se espalha, reflete, colore o que toca.

É como se os objetos mais comuns e as pessoas mesmo desconhecidas ganhassem um significado, uma identidade, uma presença especial em nossa percepção.

Espontaneamente surge em nós o desejo de compartilhar, de dividir, de comunicar aos que seguem conosco tal estado, tal bênção, tal grandeza, tal plenitude, tal alegria, com ternura, com suavidade, com profundidade, como aquele abraço cheio de amor que se dá no filho adormecido em seu colo.

Uma postura natural de olhar dentro dos olhos e ouvir, ouvir mais e, ao falar, falar ao coração, sentindo que o seu coração cresce, cresce e já é maior que seu próprio corpo. Pode envolver o outro, pode lhe dizer muito sem palavras.

O prazer e a dor no seu irmão nos tocam com equilíbrio e o interesse de sentir Deus por eles, operando o despertar...

Compaixão..., Misericórdia...

Multiplica-se em nós o desejo de doar-nos, como um pão ao que tem fome, como a água ao que tem sede, como o agasalho ao que tem frio, como o bálsamo ao que tem dor...

❖

Queridos irmãos, muito do que aqui está escrito, por partir de questionamentos, provém da mente, do pensamento, da razão, da lógica. Ocorre que a mente e seus efeitos estão aquém do sentimento e, portanto, são incapazes de comunicar o amor na sua expressão maior.

Podemos, pela razão, pela lógica, decidir pelo discipulado, mas, na maioria das vezes, o que nos impulsiona e nos mantém no caminho a serviço do Cristo, é a emoção superior, é o amor. Falando de amor, recordamos o nosso querido Paulo de Tarso, num destes momentos de emoção superior, nos dizendo:

"Ainda que eu falasse a língua dos homens e dos anjos, ainda que eu tivesse o dom da profecia
Ainda que minha fé fizesse andar os montes
Se não tivesse amor, nada adiantaria
O amor é ...."

(I Cor 13:1 a 4)

Por isso querido companheiro e irmão, nesta convocação que estamos fazendo aos membros da Fraternidade dos Discípulos de Jesus, por mais união, mais determinação, mais empenho na propagação do Evangelho, nós te pedimos, recolha-te, busca o Senhor, busca o Mestre, busca os veneráveis mensageiros celestes e teus mentores e, centrado em teu coração, reafirma teu compromisso, nele encontrarás a certeza maior e as dúvidas. Bem, as dúvidas sempre as teremos, são sombras da mente que não consegue entender das coisas do Ser, da centelha de amor que tu és, criada para brilhar.

Muito amor, muita Luz, na companhia do Mestre.

É o desejo deste quem, como tu, busca cumprir sua própria missão na Terra.

INTRODUÇÃO

Em nossos trabalhos na FDJ temos constatado que as inúmeras dificuldades, controvérsias e atrasos, relativos ao assunto, são em quase sua totalidade causados pelo grande desconhecimento que ainda existe em relação à missão desta Fraternidade.

Sabendo onde **queremos** chegar, o caminhar é consequência! Sem **visão de futuro** não se cria nem se aperfeiçoa nada!

A propagação da Terceira Revelação, pela vivência do evangelho redivivo, exige pessoas que estejam junto ao Mestre para os "trabalhos mais difíceis". Entre estas devem estar os Discípulos de Jesus, e a Fraternidade que os congrega é a base de apoio, o esteio das realizações.

Utilizando a Iniciação Espírita, através das Escolas de Aprendizes do Evangelho, no preparo de pessoas para atuar, tão-somente como Servidores nas assistências espirituais das casas espíritas, estaremos subdimensionando as possibilidades, limitando o campo de ação da FDJ, comprometendo a sua e a nossa missão, malbaratando a providência que nos reuniu, neste momento, no Brasil abençoado e, assim, minando nosso futuro.

O presente trabalho é uma pequena iniciativa, para ser expandida, com o objetivo de:

1) Resgatar a identidade da FDJ-Fraternidade dos Discípulos de Jesus no âmbito do nosso ideal e programa Aliança Espírita Evangélica.

2) Ampliar e focar o entendimento da missão do Discípulo e da FDJ.

3) Conclamar os membros da FDJ a unir forças e projetar um rol de ações que a fortaleça e efetive a sua missão.

Que esta centena de Perguntas e Respostas sejam o início de uma grande jornada de diálogo em que nos fortaleçamos para ser o que Jesus espera de nós: O Sal da Terra e a Luz do Mundo.

Que estejamos com o Mestre tanto quanto Ele está sempre conosco.

Muita Paz!

AEE, Diretoria da FDJ

ESCLARECIMENTOS

I

Caro Leitor,

O presente trabalho é uma pequena coletânea de questões coletadas na atuação dos Coordenadores Regionais da FDJ e respondidas, comentadas e revisadas por experientes membros da nossa FDJ.

Recomendamos iniciar a leitura a partir das dúvidas que mais abrasam a mente e o coração do leitor, em seguida se estendendo ao restante. Há um corpo de geral que permeia as respostas como um todo, porém, nem sempre as dúvidas são esclarecidas tão-somente na resposta de uma pergunta específica. Ela o será no todo da leitura. Havendo discordância de algum conceito, queira nos informar. Não há a intenção de polemizar e sim esclarecer.

Algumas respostas nos endereçam a leituras adicionais, posto que o trabalho visa também ser um guia de expansão do assunto.

Algumas perguntas foram corrigidas e harmonizadas em relação à formulação original sem, contudo, perder o sentido da questão.

Muitas outras questões, comentários, respostas e sugestões podem e devem surgir a partir destas. Não as guarde, compartilhe com os companheiros da FDJ, e envie-nos suas sugestões. Nosso canal de comunicação é:

Por e-mail: fdj@alianca.org.br
e via correio: a/c Diretoria da FDJ
Rua Francisca Miquelina, 259 – Bela Vista
São Paulo (SP) – Brasil – CEP 01316-000

II

Na década de 1940, as criaturas não tinham capacidade para receber alguns esclarecimentos, pois a finalidade da Escola de Aprendizes do Evangelho é bem maior do que se publicou naquela época. Só em ambientes muito íntimos era analisada a responsabilidade total. À época da apresentação da Fraternidade dos Cruzados (1941), as casas espirituais europeias, sem condições de atender as vítimas da II Guerra Mundial, procuraram a ajuda espiritual do Brasil (como André Luiz relata em *Os Mensageiros*), dada a necessidade maior de organizar novas forças espirituais para vencer as forças negativas geradas pelo desastre. Daí a primeira prece oferecida pelas Fraternidades, para que tivéssemos ajuda para "lutar contra as forças do mal que tentam dominar o mundo".

Esta é a responsabilidade maior da FDJ.

Martha Gallego Thomaz

RELAÇÃO DAS PERGUNTAS
(1ª Parte)

FDJ — Fundamentos

1. O que é a FDJ, Fraternidade dos Discípulos de Jesus?
2. Qual é a finalidade da FDJ?
3. Quando surgiu a FDJ?
4. O que significa ser membro da FDJ?
5. A FDJ é uma fraternidade humana (de encarnados) ou só de Espíritos (desencarnados)?
6. Onde está a FDJ?
7. Onde podemos identificar a atuação da FDJ?
8. Quais atividades são privativas ou exclusivas dos membros da FDJ?
9. Hoje temos a FDJ na AEE, na FEESP e no Setor III. É a mesma, ou são diferentes em seus propósitos e atividades?
10. Por que se fala, então, em AEE, FEESP e Setor III?
11. A FDJ está acima da Aliança?
12. Onde podemos obter material sobre o histórico e os princípios da FDJ?
13. Qual a ligação entre a FDJ e a Fraternidade do Trevo?
14. Quem é Razin e qual a sua relação com a FDJ?
15. Quem é Edgard Armond e qual a sua relação com a FDJ?
16. Como a FDJ se enquadra na Doutrina Espírita?
17. Como situar a FDJ perante as renovações do 3º milênio?

A Vivência em Fraternidade

18. Qual a importância da vivência em fraternidade?
19. Como edificar a vivência fraterna?
20. Como se associa o trabalho íntimo do discípulo com a vivência em fraternidade?
21. Por que encontramos tantas dificuldades para a vivência em fraternidade?
22. Como operar maior união na FDJ?

O Discípulo de Jesus

23. Quem é o Discípulo?
24. Onde o Discípulo atua?
25. Como entender a expressão "título" para o Discípulo de Jesus?
26. Existe diferença entre ser Discípulo de Jesus e pertencer à Fraternidade dos Discípulos de Jesus?
27. Qual a vantagem de ser um Discípulo de Jesus?
28. Discípulos de Jesus serão somente aqueles que ingressaram na FDJ?
29. Estou afastado da Casa Espírita há alguns anos. Continuo sendo Discípulo?

A Vivência do Discípulo

30. O que se espera do Discípulo em termos de vivência?
31. É diferente o campo de vivência do Discípulo e do Servidor?
32. A vivência do Discípulo subentende afastamento do lar ou da família?
33. Por que alguns alunos que terminaram a EAE, ao entrar na FDJ, sentem um vazio?
34. O que podemos fazer para que não ocorra o vazio após a EAE?
35. Como entender que alguns companheiros, após o ingresso na FDJ, esfriam no ideal e até retornam à vida

de vícios e defeitos?

36. Como entender nos Discípulos comportamentos que depõem contra o testemunho cristão?
37. Após o ingresso na FDJ, o discípulo deve continuar escrevendo na sua caderneta pessoal? Por quê?
38. Ser Discípulo é sinônimo de ser perfeito?
39. Como o Discípulo deve situar os seus trabalhos? Em termos de qualidade ou de quantidade?
40. Após meu desencarne continuarei sendo membro da FDJ?
41. Gozará o membro da FDJ de privilégios na vida espiritual?
42. O Discípulo precisa estar disponível 24 horas por dia? Como?
43. Como Discípulo(a) estou obrigado(a) a aceitar qualquer trabalho?
44. Como Discípulo, devo amar primeiro ao próximo ou a mim mesmo?
45. A posição de Discípulo pode ser associada a poder e mando?
46. Sou discípulo. Devo continuar estudando?
47. Como melhorar o entendimento do que se espera do Discípulo no campo da vivência do evangelho?
48. Um membro da FDJ que abraçou outra religião continua sendo discípulo?

A Casa Espírita e os Discípulos de Jesus

49. Por que se recomenda que atividades de coordenação e direção de trabalhos sejam realizadas por membros da FDJ?
50. Quais são as atividades eletivas da Casa Espírita aos Membros das FDJ?
51. Para ser Dirigente de Sala de Passes é preciso ser discípulo?

52. Para fazer a preleção é preciso ser discípulo?
53. Para fazer entrevista é preciso ser discípulo?
54. Para trabalhar na secretaria é preciso ser Discípulo?
55. Para dar passe de limpeza (harmonização) é preciso ser discípulo?
56. Para fazer parte da diretoria da casa é preciso ser Discípulo?
57. Para trabalhar no Grupo mediúnico é preciso ser Discípulo?
58. Existe diferença entre o trabalhador Discípulo e o trabalhador Servidor?
59. Como a direção das casas espíritas deve tratar a FDJ?

A Obra Social e a FDJ

60. Qual o nível de atenção que o Discípulo deve dar à Assistência Social?
61. É tarefa da FDJ promover a abertura de instituições de Assistência Social?

A Escola de Aprendizes do Evangelho e a FDJ

62. Qual surgiu primeiro: a EAE ou a FDJ?
63. Não podemos conceber o discipulado sem a iniciação na EAE?
64. Qual a relação entre os vários graus da Iniciação Espírita?
65. O dirigente de EAE deve ser um membro da FDJ? Por quê?
66. Como entender, então, que algumas escolas foram dirigidas por pessoas que eram dirigentes e ao mesmo tempo alunas?
67. Para ser expositor é necessário ser Discípulo?
68. Basta o aluno concluir a EAE para ser considerado um membro da FDJ?
69. Como o programa da Aliança, definido no livro Vivência do Espiritismo Religioso,

apresenta o tema FDJ?

70. Pode-se entender a EAE fora do conceito da FDJ?
71. O aluno da EAE deve ser direcionado para trabalhar na Casa Espírita ou para ser Discípulo?
72. Quando eu, como dirigente de EAE, sei que estou pronto para abordar o tema FDJ aos alunos?
73. Quando deve ser abordado o assunto FDJ na EAE?
74. Qual a razão de muitos Dirigentes de Escola evitarem o assunto FDJ no início do curso?
75. Podem-se acrescentar mais aulas na EAE sobre o tema FDJ?
76. A aulas 100 e 106 da EAE devem ser ministradas pelo dirigente ou por uma pessoa mais ligada à FDJ?
77. Como aluno, onde encontro fontes que me deem subsídios sobre a FDJ?
78. O Dirigente de Curso de Médiuns deve ser Discípulo?
79. Como apresentar a FDJ sem que o aluno entenda que não é um diploma da EAE?
80. Como colocar o estudo do Guia do Aprendiz e do Guia do Discípulo dentro da EAE?
81. Como manter o clima das aulas da EAE em sintonia com os fins da FDJ?

O Ingresso na FDJ

82. O aluno deve ser conduzido para ingressar na FDJ?
83. O aluno tem o direito de não ingressar na FDJ?
84. Como entender os dirigentes e até os avaliadores que forçam os alunos para o ingresso?
85. Pessoas com muita experiência na Doutrina Espírita podem adentrar à FDJ sem terem feito a EAE?
86. Como devem proceder para ingressar na FDJ aquelas pessoas que concluíram a EAE e permaneceram longo tempo como Servidores?

87. Quem aprova o aluno no ingresso à FDJ: o Plano Espiritual ou a Caderneta?
88. Qual a necessidade do período probatório?
89. Basta concluir a EAE e cumprir o período probatório para ser considerado Discípulo e membro da FDJ?
90. Quem são as pessoas responsáveis pela análise das Cadernetas Pessoais?
91. Essas pessoas são escolhidas ou se oferecem para realizar esse trabalho?
92. Quais são os critérios de verificação das Cadernetas Pessoais?
93. Quais são os quesitos objetivos verificados nas Cadernetas?
94. Quais são os quesitos subjetivos verificados nas Cadernetas?
95. A verificação refere-se exclusivamente á Caderneta ou alcança também a pessoa do aluno?
96. São consideradas na verificação as conquistas, os avanços e os retrocessos do aluno?
97. Muito se fala em verificadores que reprovam Cadernetas porque o aluno declarou-se incapaz de perdoar alguém. Isso está correto?
98. Conhecem-se casos de reprovações porque o aluno(a) declarou-se homossexual. Isso é coerente? Não é preconceito?
99. Qual a finalidade do Exame Espiritual da FDJ?
100. Por que em alguns exames o aluno passa por três ou quatro grupos de médiuns?
101. É normal que os alunos se desmotivem, ou mesmo se afastem, após uma negativa no exame espiritual para o ingresso?
102. Como lidar com essa desmotivação?
103. É possível ocorrer um erro de avaliação no exame espiritual?

Encontro de Discípulos

104. O que são estes Encontros de Discípulos?
105. O que se espera dos Encontros de Discípulos?
106. No que os Encontros de Discípulos se diferenciam das Sessões Dependentes?
107. No que os Encontros de Discípulos se diferenciam das Reuniões de Discípulos, dos Encontros da FDJ ou mesmo do Momento de Fraternidade da FDJ?
108. Qual a intenção em fazer estas reuniões fora das casas espíritas?
109. Não sou membro da FDJ. Posso participar dos Encontros de Discípulos?

FDJ — FUNDAMENTOS

1 — O que é a FDJ, Fraternidade dos Discípulos de Jesus?

R — Pedimos licença para iniciar a resposta exemplificando com a nossa vivência particular:

Quando visitamos os Grupos da Aliança pelo Brasil afora, surpreendemo-nos, muitas vezes, com a grande sintonia de experiências, pensamentos, emoções e ideais existentes entre nossos companheiros. Nosso coração se enternece e os reconhece na alma, como irmãos muito queridos. São pessoas que estamos vendo pela primeira vez e temos a sensação de já conhecê-las. Esse fato desperta em nós uma vontade sincera de cooperar, de estarmos juntos, de compartilharmos o que de melhor temos.

Com que facilidade dialogamos sobre nossas vivências na Casa Espírita, sobre nossas realizações na área de assistência social, dos nossos desafios no campo doméstico e das nossas necessidades interiores de aperfeiçoamento.

Com que encantamento e abertura falamos de Jesus, comentamos sobre os apóstolos de ontem e de hoje, e nos enchemos de sua presença, sentindo-os entre nós.

Quando nos afastamos, recordamos dos grupos e, automaticamente, vêm à nossa lembrança o rosto dos companheiros de ideal e a forte vibração que nos une.

Ficamos muito tempo sem nos encontrarmos, mas quando nos reencontramos compartilhamos aquela doce alegria que não se explica com palavras.

Em nossos testemunhos diários, diante dos obstáculos, sempre sentimos a presença, a força e a companhia destes irmãos, seus testemunhos de vida e muitas das suas palavras simples saturadas da experiência, ocorrem-nos lembranças, facilitando o equacionamento dos nossos desafios. Não mais nos sentimos sozinhos, e o futuro visualizamos com entusiástica esperança.

Didaticamente FDJ é o que consta no livro *Vivência do Espiritismo Religioso*, fls. 107 e 146.

2 — Qual é a finalidade da FDJ?

R — O Plano Maior tem como meta dar cumprimento à implantação da 3ª Revelação e, para este desiderato, se faz necessário criaturas comprometidas com a vivência das verdades do Evangelho de Jesus, redivivo nas luzes clarificadoras do Espiritismo. Estas criaturas comprometidas, engajadas na concretização destas verdades são os Discípulos de Jesus desta nova era. Sementes vivas desta nova plantação que Jesus semeia na Terra.

A conversão das criaturas à vivência destes valores, em especial à fraternidade, é a expressão de um estado de consciência. Este estado de conscientização nasce do conhecimento e da aplicação que mais facilmente se obtém através de um processo disciplinado, didático, sistemático e gradual, que é o da Iniciação Espírita. Esta, tem uma fase preparatória que é a Escola de Aprendizes do Evangelho, e uma fase de aplicação e de efetivação que é a FDJ.

A finalidade da FDJ é irmanar mais estas criaturas, prestar-lhes apoio, fortalecer seus ideais, abrir e ampliar seus campos de vivência fraterna.

3 — Quando surgiu a FDJ?

R — A FDJ foi criada em 29 de Maio de 1952, na FEESP, para agremiar em seus quadros os Servidores preparados na EAE para testemunharem, como Discípulos, no campo coletivo, a difusão e a vivência do Evangelho de Jesus. Foi, entretanto, inaugurada em março de 1954 com o ingresso dos primeiros alunos da Primeira Turma da Escola de Aprendizes do Evangelho (EAE) na Federação Espírita do Estado de São Paulo (FEESP).

4 — O que significa ser membro da FDJ?

R — No Plano Físico, ser membro da FDJ significa ter vivenciado com proveito, o processo iniciático nas Escolas de Aprendizes do

Evangelho (EAE), e ter cumprido os requisitos para o ingresso, crescendo em fidelidade aos ideais de fraternidade, ideais estes que, em última análise, constituem a vivência do Cristianismo redivivo sob as luzes da doutrina dos Espíritos.

No Plano Espiritual significa integrar uma egrégora[2] de vibração espiritual e moral, participando de uma mística de claridade e de Luz!

5 — A FDJ é uma fraternidade humana (de encarnados) ou só de espíritos (desencarnados)?

R — A FDJ é uma Fraternidade de Espíritos, encarnados e desencarnados, unidos pelo mesmo ideal.

Foi criada para encarnados, com ingresso através da Iniciação Espírita, realizada nas Escolas de Aprendizes do Evangelho. Após 40 anos, na confraternização realizada na FEESP em 31 de Maio de 1992, foi revelada a criação de uma fraternidade de mesmo nome e mesmos ideais para atuar no Plano Espiritual.

6 — Onde está a FDJ?

R — A FDJ está onde estiver qualquer um de seus membros atuando na consecução dos seus ideais, propagando pela vivência os ensinamentos de Jesus sob as diretrizes do espiritismo. Ingressar com o encarnado não significa admissão automática na FDJ na espiritualidade.

7 — Onde podemos identificar a atuação da FDJ?

R — Costumeiramente, nos Grupos Espíritas que abraçaram os ideais de fraternidade preconizados pela FDJ. No caso da Aliança Espírita

---

[2] Egrégora é uma palavra para a qual não encontramos definições nos dicionários comuns. É de origem grega, derivada de *egregori*, e surgiu no Ocultismo para designar as energias que ficam impregnadas em todos os locais.

Evangélica mais de 200 grupos participantes são, efetivamente, os locais de maior concentração de esforços da FDJ.

A FDJ também atua em instituições de caridade, geralmente ligadas às casas espíritas, mantidas por membros da Fraternidade, bem como em outros tantos serviços sociais mantidos pelo desejo que mobiliza o Discípulo a servir Jesus, servindo aos semelhantes.

Finalmente, a FDJ atua no dia a dia de cada Discípulo, seja no lar, no trabalho, no lazer, no convívio social; pelo compromisso de exercitar as virtudes cristãs e divulgar os ensinamentos de Jesus sobre a face da Terra.

8 — Quais atividades são privativas ou exclusivas dos membros da FDJ?

R — As atividades de preparação e admissão de novos membros na Fraternidade, ou sejam:

1) Nas Escolas de Aprendizes do Evangelho, atuando como: dirigentes e expositores, trabalhando na Iniciação de novos Discípulos.

2) No Ingresso dos novos membros: o processo de avaliação das Cadernetas Pessoais e as Reuniões de Ingresso são tarefas realizadas por membros da FDJ.

Existiam ainda as chamadas "sessões dependentes", que eram reuniões de Discípulos nas casas espíritas para estudo e apoio mútuos. Estas reuniões, muito frequentes no passado, hoje são pouco praticadas.

A partir de 2002, foram implantados os Encontros de Discípulos que são reuniões para vivência conjunta, confraternização e estudo.

9 — Hoje temos a FDJ na AEE, na FEESP e no Setor III. É a mesma, ou são diferentes em seus propósitos e atividades?

R — Entendemos que a FDJ é apenas uma, pois o propósito de testemunhar, com Jesus, propagando o seu evangelho por meio de sentimentos, pensamentos, atos e palavras sob as luzes do Espiritismo é a mesma nas três Instituições Espíritas, embora os estágios preparatórios nas Escolas de Aprendizes do Evangelho e os requisitos e procedimentos para ingresso sejam diferentes.

Quanto à vivência fraternal entre os Discípulos provindos destas diferentes escolas iniciáticas, temos ainda muitos desafios a enfrentar, para integrá-los.

10 — Por que se fala, então, em AEE, FEESP e Setor III?

R — As instituições são criadas para atender as necessidades evolutivas das criaturas. A grande necessidade do momento é espiritualizar o homem para a vivência do bem e da fraternidade universal. O discípulo é aquele que tem a habilidade de responder a este desafio, tenha ele sido preparado na escola A, B ou C. Há um grande abismo entre a criatura humana e a sua espiritualização. Nós, membros da FDJ, fomos convocados, pela nossa Iniciação dentro do Espiritismo Religioso, para edificarmos uma ponte unindo estes mundos, iniciando em nós mesmos e estendendo aos que nos rodeiam.

11 — A FDJ está acima da Aliança?

R — Podemos dizer que a Aliança Espírita Evangélica é consequência da FDJ, pois surgiu para dar expansão aos seus ideais. As instituições são consequências das necessidades humanas e não o contrário. A Aliança Espírita Evangélica é um ideal de vivência consubstanciado em um programa de trabalho, no qual instituições se integram para se apoiarem e se fortalecerem mutuamente.

Pergunta semelhante foi formulada a Edgard Armond, e se encontra no livro *Respondendo e Esclarecendo*, fl. 144, pergunta nº 309: "Sou um discípulo e muita coisa já aprendi, mas, falando com colegas, eles entendem de formas diferentes uns dos outros. Peço esclarecer qual é mais importante: a FDJ ou a Aliança?".

Eis a resposta de Edgard Armond: "Sua pergunta está mal formulada. Não se trata, no caso, de maior ou menor importância das duas instituições a que se refere a pergunta: a questão real é a das finalidades espirituais.

A FDJ foi criada em 1952, na FEESP, para agremiar em seus quadros os Servidores preparados na EAE para as testemunhações a serem dadas como Discípulos no campo coletivo, visando à difusão e à exemplificação do Evangelho.

A AEE foi criada em 1973 para difundir e testemunhar o Espiritismo Religioso, agremiando em seus quadros os grupos e centros espíritas que possuam o mesmo ideal doutrinário e se comprometem a aceitar e seguir os seus programas de trabalho e de ensino.

Ambas, portanto, são solidárias e complementares e têm idênticas finalidades, uma auxiliando e orientando indivíduos e outra orientando e conduzindo instituições".

Segundo as palavras de Armond, a FDJ existe para agremiar Discípulos, orientar indivíduos. A AEE tem as incumbências de agremiar grupos e centros espíritas, difundir o Espiritismo Religioso e, ainda o trabalho e o ensino, orientando e conduzindo instituições. São finalidades diferentes porém complementares.

12 — Onde podemos obter material sobre o histórico e os princípios da FDJ?

R — No livro *Vivência do Espiritismo Religioso*, capítulo "A Fraternidade dos Discípulos de Jesus – FDJ" e no capítulo sobre a "Escola de Aprendizes do Evangelho".

Na coletânea *Falando ao Coração*, de Edgard Armond, na parte "Aos Discípulos".

Nos livros de Martha Gallego Thomaz também há bons subsídios.

Recomendamos, ainda a leitura dos livros de Edgard Armond: *Enquanto é Tempo*, págs. 170, 179, 193; *Respondendo e Esclarecendo*, págs. 95, 109, 135, 144; *Lendo e Aprendendo*, capítulos 7, 139, 167; *Na Semeadura I*, capítulo 183; *Na Semeadura II,* capítulos 86 e 184. *No Verdades e Conceitos II*, capítulos 43, 45, 57 e 58. E todo o livro *Mensagens e Instruções*. No Índice Remissivo do livro *Lendo e Aprendendo*, sobre Fraternidades em geral, temos mais de 50 indicações.

13 — Qual a ligação entre a FDJ e a Fraternidade do Trevo?

R — A Fraternidade do Trevo é uma das fraternidades do espaço que tem dado apoio à FDJ, desde o surgimento até os dias atuais. Podemos dizer que a FDJ foi concebida no seio da Fraternidade do Trevo desde quando Razin, seu venerável dirigente, inspirou o grupo de trabalhadores que se reuniam para as vibrações das quintas-feiras na sede da FEESP, para que criassem a Escola de Aprendizes do Evangelho em 1950 e, dois anos depois, a FDJ. (Veja Pergunta 15 sobre Edgard Armond).

A Fraternidade do Trevo continua dando franco e intenso apoio às Escolas de Aprendizes do Evangelho. Entre outras tarefas, é ela que se faz presente nas EAEs criando o clima espiritual no qual os alunos, dirigentes e expositores sentem-se enlevados, inspirados, motivados e confiantes por percorrerem o caminho da espiritualização e de preparação para os testemunhos evangélicos.

14 — Quem é Razin e qual a sua relação com a FDJ?

R — Razin é o dirigente espiritual, ou como dizemos, o venerável, da Fraternidade do Trevo. Em seu livro Histórias das Fraternidades, Martha Gallego Thomaz nos informa que Razin era um mercador que conheceu o Mestre Jesus no dia da crucificação e que, tocado por Ele, informou-se sobre a sua doutrina e propagou-a em todos os locais em que comercializava. Ao desencarnar encontrou-se com muitas das pessoas a quem evangelizou e que, a convite de Jesus, formaram uma fraternidade, a do Trevo, cuja missão tem sido a de propagar os ensinos de Jesus em espírito e verdade. Razin, um dos grandes idealizadores, juntamente com o Dr. Bezerra de Menezes, são os principais responsáveis pela criação da EAE e da FDJ, orientando o esforço e a boa vontade de Edgard Armond.

15 — Quem é Edgard Armond e qual a sua relação com a FDJ?

R — Podemos dizer que Edgard Armond foi um dos instrumentos do plano espiritual superior que trouxe à doutrina espírita um grande impulso renovador no século 20, de modo que esta doutrina pudesse continuar cumprindo sua missão de reviver os ensinos do Cristo, impregnando o coração dos homens de razão e amor, abrindo-lhes os panoramas da civilização dos mansos e pacificados que dominarão a Terra no Terceiro Milênio.

Devemos ao seu esforço e trabalho missionários, a fundação das Escolas de Aprendizes do Evangelho, da FDJ, da AEE, do Setor III da FDJ, da USE, a remodelação da FEESP, da sistematização da assistência espiritual, dos Cursos de Passes, dos Cursos de Médiuns, a exaltação da vivência do aspecto religioso do Espiritismo, além de ressaltar o cunho INICIÁTICO das EAEs, valorizando a Reforma Íntima e a utilização das Cadernetas Pessoais.

Desencarnado em 1982 recebeu, em 1992 no plano espiritual, a Direção da FDJ no plano espiritual, tornando-se o seu venerável.

16 — Como a FDJ se enquadra na Doutrina Espírita?

R — A FDJ é uma entre outras realizações com a qual os Espíritos Diretores Planetários edificam na Terra a civilização espiritualizada do Terceiro Milênio. Ela é parte do edifício da Terceira Revelação, o Espiritismo, trabalhando para a sua efetivação, para o cumprimento das promessas do Cristo quanto ao Consolador.

A FDJ tem seus fundamentos em Jesus, sendo o seu estatuto moral o próprio Sermão da Montanha, que é também a base do Evangelho segundo o Espiritismo. Seus membros abraçam o compromisso da vivência do Espiritismo no seu aspecto religioso, sem desatenção aos outros dois aspectos da doutrina, o da ciência e o da filosofia.

O nosso entendimento é que o Espiritismo é uma doutrina de ação. A Escola de Aprendizes do Evangelho e a Fraternidade dos Discípulos de Jesus também o são, além de estabelecimentos altamente propulsores da ação espírita no íntimo das criaturas e no meio social.

17 — Como situar a FDJ perante as renovações do Terceiro Milênio?

R — A FDJ acabou de completar 50 anos. Diante da eternidade, ela é apenas um bebê quando comparada com a Fraternidade do Trevo, que é do primeiro século, ou com a Fraternidade dos Essênios que é de 5.000 anos atrás. Assim podemos entender que o labor apenas começou e o que nos compete realizar ainda demandará centenas de anos e várias experiências terrenas.

Espíritas, com coragem e comprometimento vivencial, ainda somos poucos. O Espiritismo ainda impregna pouco a vida das pessoas, mas é evidente a sua crescente difusão entre as massas populares. Conhecer, entretanto, não basta, é necessário viver seus postulados, o que requer coragem, empenho e dedicação.

Como discípulos da nova era, nossa grande tarefa nos dias correntes é nos transformarmos em sementes vivas do evangelho redivivo, aptos a nos entregar nas divinas mãos do Senhor Jesus que nos plantará onde melhor pudermos germinar, crescer e frutificar. Isto nos motivará para que nunca estacionemos. Muito temos a realizar, em especial dentro dos planos da Pátria do Evangelho – o Brasil. Mantenhamos, portanto, a fé — a fidelidade a Jesus.

A VIVÊNCIA EM FRATERNIDADE

18 — Qual a importância da vivência em fraternidade?

A vivência em fraternidade é importantíssima, pois expressa a união das almas em torno do mesmo ideal.

Conta-se que um assíduo frequentador de um culto cristão, certa feita parou de ir. O pastor, atento e preocupado, foi à sua casa verificar o que se passava. Ao chegar lá, encontrou-o em frente à lareira e, questionando sobre as repetidas ausências ao culto, recebeu como resposta: "Caro pastor, há mais de trinta anos frequento o culto e ouço as suas pregações. Posso dizer-lhe que já as decorei todas, nada mais tenho a aprender, por isso não vejo mais razão para ir ao culto. O pastor, silenciosamente, pegou o bastão de arrumar a lenha da lareira e enfiando-o no fogo que ardia na lareira, pegou um graveto em brasa e afastou-o do fogo. A brasa, então incandescente, foi aos poucos esfriando, se apagando e logo era apenas um carvão morno. Silenciosamente, o pastor deixou a casa. No culto seguinte, com alegria, identificou, entre os fiéis, a presença daquele frequentador. Ele havia compreendido a lição de que "um graveto que se afasta do fogo, logo se apaga". Também nós, afastados da união fraternal, temos grandes dificuldades em manter acesa e brilhante a chama do nosso ideal cristão.

19 — Como edificar a vivência fraterna?

R — "A fraternidade é uma força que universaliza o amor" lemos no livro *Ave Luz*: quando o amor flui de nossa individualidade ao encontro dos irmãos em Deus, universaliza-se.

A palavra "frater" quer dizer irmão. Entre os laços que unem os irmãos e a neutralidade que caracteriza as pessoas em geral, existe uma grande distância. Como nos irmanar com pessoas que não conhecemos, não temos o mínimo laço? Jesus reconhecendo nossas limitações neste sentido, nos recomendou: "Granjeai amigos...". A amizade é caminho para a fraternidade.

Nesta linha de raciocínio, vamos encontrar amizades que se criam em torno de coisas, outras em torno de atividades, outras em torno de pessoas, e ainda as que se fazem em torno de um ideal. Estas últimas são as mais duradouras, profundas, atravessam séculos, milênios, irmanando as almas.

As Escolas de Aprendizes do Evangelho e a FDJ proporcionam a oportunidade de amizades profundas, duradouras, que se estabelecem sob interesses elevados, valores espirituais, um ideal superior. Tais amizades são verdadeiras estradas para a vivência fraterna.

Daí temos conclamado os Aprendizes que edifiquem dentro das escolas de aprendizes não o mero companheirismo, mas também a amizade. A recepção afetiva, o interesse sincero pelo outro, o apoio mútuo, a visita aos lares, o congraçamento familiar, o compartilhar das dúvidas, percalços e conquistas etc. Estas, entre tantas outras ações, concorrem para a amizade a caminho da irmandade.

"A experiência da Fraternidade transforma o coração das criaturas. E esta transformação nos permite transformar o mundo que nos rodeia." Esta frase guardamos de uma mensagem do Plano Espiritual em uma de nossas reuniões da FDJ.

20 — Como se associa o trabalho íntimo do discípulo com a vivência em fraternidade?

R — Esta questão nos relembra um trabalho mediúnico relativo à FDJ, no qual nos foi apresentada uma imagem muito significativa:

Uma árvore caída, muito longa, parecida com o eucalipto, porém com tronco mais grosso. Esse tronco, apesar de forte estava partido junto à base. Ela havia tombado em ampla clareira, pois estava só. Em primeira análise, admirava-se que uma alta e bela árvore, com pouca folhagem, como aquela, tivesse se quebrado daquela maneira, possivelmente fustigada pelo vento. Porém, ao examiná-la mais de perto víamos a razão: o tronco grosso e esguio por fora, estava oco por dentro. A aparência era de força e altivez, mas o conteúdo era vazio e frágil.

Ao longe, víamos outras árvores semelhantes, ainda de pé, pois estavam juntas em uma pequena floresta. Não haviam sofrido qualquer dano.

As orientações sobre a imagem foram:

• devemos estar atentos para que nosso crescimento não seja somente exterior, sem a substância do conteúdo íntimo.

• procuremos estar juntos, pois, isolados, nossa fragilidade é ainda maior. Se estivermos lado a lado cada um atenuará um pouco o vento que fustiga o conjunto.

A primeira imagem nos diz do nosso aperfeiçoamento íntimo, pessoal e intransferível e a segunda nos fala da vivência fraternal que nos abriga e nos torna mais fortes, diante das naturais intempéries da vida.

21 — Por que encontramos tantas dificuldades para a vivência em fraternidade?

R — Falta-nos foco. A FDJ já tem mostrado sua competência, por exemplo, na abertura de novas células, ou seja, novas casas espíritas. Neste aspecto, temos sido muito operantes dando continuidade à expansão do evangelho pelas novas EAEs, que surgem dia após dia. Ocorre que, concentrados exclusivamente no "que" estamos fazendo, temos nos descuidado do "como" estamos fazendo. A orientação do plano espiritual intitulada "A Grande Mensagem" (vide 2ª Parte deste livro, *O TREVO* nº 21 nov/75) e que se encontra no livro *Vivência do Espiritismo Religioso* 2ª edição, página 1.5, já nos alerta para esta distorção.

22 — Como operar maior união na FDJ?

R — No Guia dos Aprendizes encontramos severa recomendação no sentido de edificarmos uma ligação diária entre os membros da FDJ, entre nós e as demais fraternidades do bem, bem como com as forças Crísticas e Divinas que nos sustentam. São as Vibrações das 22 horas. Esta sintonia vibratória diária edifica, nos mundos mais sutis, verdadeiras redes de entrelaçamento e comunicações vibratórias e fluídicas. Este é o começo, pois é da lei natural que as construções mentais e emocionais se corporifiquem na Terra.

Outras ações que fomentam maior união:

• trabalhos caritativos realizados em conjunto com outros irmãos da FDJ;

• manter os vínculos de ideal com os companheiros de sua turma de EAE;

• cultivar a amizade com irmãos Discípulos; integrá-los no ambiente familiar;

• patrocinar e/ou participar de Reuniões e Encontros da FDJ, etc.

É de lei que tudo aquilo que desejamos devemos dar. Conhecemos a lei de causa e efeito e, para colocá-la a nosso favor, basta dar e buscar união, que a teremos.

O DISCÍPULO DE JESUS

23 — Quem é o Discípulo?

R — Discípulo é todo ser humano que aprende de alguém, de um professor, de um mestre, ou é partidário declarado, interessado nos ensinamentos de uma religião, de uma doutrina, ou de uma seita. É o que diz o dicionário.

Qualquer agremiação que, além de ensinar algo, adicionar a isso as características de INICIAÇÃO, faz de seus membros discípulos.

No caso da FDJ, os postulantes, cumprindo todas as exigências regulamentares e expressando o desejo de ingressar na FDJ passam a ser Discípulos. Passam, porém, a ser DISCÍPULOS INICIADOS, o que é diferente do que ser apenas discípulo. Passam a ser Discípulos Iniciados após a cerimônia de ingresso na FDJ.

24 — Onde o Discípulo atua?

R — O Discípulo atua onde sua consciência desperta, o chame a servir ou exemplificar, por amor a Jesus.

25 — Como entender a expressão "título" para o Discípulo de Jesus?

R — Ser Discípulo de Jesus não é um título. Quem somente assim o entender não compreendeu a missão de Jesus na Terra. Em verdade, quando nos referimos ao Discípulo de Jesus, queremos dizer que a pessoa está investida do discipulado, sob a disciplina e orientação dos ensinamentos do Cristo, vivenciando, testemunhando e exemplificando o que aprendeu com Jesus. É um estado íntimo de ser e não um atributo externo.

26 — Existe diferença entre ser Discípulo de Jesus e pertencer à Fraternidade dos Discípulos de Jesus?

Existe. É importante dizer que na Terra e no plano espiritual há diversas fraternidades, ou sejam: grupos de Espíritos afins, identificados pelos mesmos ideais, reunidos em trabalho cooperativo.

Por outro lado, há muitos discípulos de Jesus que fazem parte de diversas fraternidades.

FDJ é a denominação dada à Fraternidade composta de criaturas que se converteram à proposta do Plano Espiritual Superior, de propagar o Espiritismo Religioso pela vivência evangélica. Assim, que fique claro que muitas criaturas são discípulos do mestre Nazareno e não pertencem à FDJ. Integram outras fraternidades com ideais semelhantes, porém com identidade diferente.

27 — Qual a vantagem de ser um Discípulo de Jesus?

R — Vivenciar os ensinamentos de Jesus nos plenifica, torna nossa vida mais dadivosa, pois expande nossa capacidade de amar e quem ama mais, sente mais intensamente a presença divina em si. No que diz respeito aos discípulos de Jesus que são membros da FDJ, Edgard Armond responde a esta questão no opúsculo *Guia do Discípulo* no segundo parágrafo do preâmbulo.

Gostaríamos de citar, ainda, uma afirmação do Espírito Emmanuel, que está na Introdução do livro *Vinha de Luz*:

"Nos variados climas do mundo, há quem se nutra de tristeza, de insulamento, de prazer barato, de revolta, de conflitos, de cálculos, de aflições, de mentiras... O discípulo de Jesus, porém — aquele homem que já se entediou das substâncias deterioradas da experiência transitória —, pede a luz da sabedoria, a fim de aprender a semear o amor em companhia do Mestre..."

Assim, finalizando a resposta, usamos as palavras de Emmanuel: "A vantagem é semear o amor em companhia do Mestre..."

28 — Discípulos de Jesus serão somente aqueles que ingressaram na FDJ?

R — Não é preciso ingressar na FDJ para ser discípulo de Jesus. Como já dissemos, os discípulos de Jesus são membros de diversas outras fraternidades e estão presentes em diversas religiões e filosofias. Porém, vale acrescentar que, no âmbito da Iniciação Espírita, também utilizamos a expressão Discípulo de Jesus para designar o iniciado do 3º grau, assim como os nomes Servidor e Aprendiz correspondem ao 2º e 1º graus respectivamente.

29 — Estou afastado da Casa Espírita há alguns anos. Continuo sendo Discípulo?

R — Esta é uma resposta de foro íntimo e pessoal. O que podemos dizer é que a presença na Casa Espírita nem sempre evidencia o compromisso de semear com Jesus o Seu Evangelho. Muitos estão na Casa Espírita atuando como Servidores e não como Discípulos: não estão comprometidos com a propagação do Evangelho. Outros, embora afastados das casas espíritas, prosseguem impregnando vidas e corações alheios com a mensagem de Jesus. Qual deles é o verdadeiro discípulo?

A VIVÊNCIA DO DISCÍPULO

30 — O que se espera do Discípulo em termos de vivência?

R — O Mestre Jesus nos deixou bem claro: "Vós sois o Sal da Terra", "Vós sois a Luz do Mundo", ou seja, primeiro é que nos façamos Sal e que acendamos a própria Luz, pela transformação moral no evangelho e pela espiritualização na revelação espírita. E Ele ainda reitera que o Sal (discípulo) ganha o seu valor quando misturado ao alimento (sociedade) e lhe dá sabor. E a Luz (discípulo) se torna útil quando, elevada, vence a escuridão e ilumina os caminhos.

Meditemos sempre nestas figuras nas quais Jesus nos situou: "Sal" e "Luz". E estabeleçamos nossos planos de ação íntima e social.

Questionado a este respeito, no livro *Verdades e Conceitos II*, capítulo 57, Edgard Armond responde-nos:

"As finalidades e os programas que devemos cumprir não comportam dúvidas interpretativas ou executivas, porque são simples, claros e justos e se baseiam no Evangelho, que todos nós respeitamos e nos esforçamos por efetivar em nossa vida íntima e social, restando unicamente que os executores se integrem nele, devotem-se aos testemunhos com coragem, de coração aberto e disposição firme de vencer a sagrada tarefa."

Ficam, então, as questões seguintes para meditarmos e agirmos: Como anda o meu sabor? Tenho estado separado ou misturado à sociedade? Quão acesa tem estado a Luz do meu ideal? Onde tenho colocado a minha Luz, escondida ou visível? Tenho compartilhado minha Luz, minha energia, meu sabor, meu amor?

31 — É diferente o campo de vivência do Discípulo e do Servidor?

R — O que difere o campo de vivência espírita evangélica é que para o servidor a vivência é uma opção dentro da sua vida, por exemplo, trabalhar na Casa Espírita às segundas-feiras, enquanto para o discípulo a vivência é uma opção de vida, impregna todos os instantes da sua existência.

32 — A vivência do Discípulo subentende afastamento do lar ou da família?

R — De modo algum. O lar é e continuará a ser o campo de testemunhação fundamental na vida do Discípulo de Jesus. A edificação de um mundo renovado, espiritualizado e fraterno iniciar-se-á pelos lares no seio abençoado da família. No entanto, não podemos esquecer que nosso amor deve transcender a família consanguínea e mesmo a espiritual: nossa meta é o amor fraterno pela Família Universal, como já nos diz Jesus no sermão da montanha em *Mateus 5:46.*

O Mestre neste sentido nos deu o exemplo: muito dedicou de sua passagem terrena à família, mas não se furtou a cumprir a sua missão, mesmo incentivado ao contrário pelos entes queridos. No instante final, quando cumpria sua missão no martírio na cruz, dando a vida pelos seus amigos, ainda aí, preocupado com Maria, sua mãe, entrega-a aos cuidados de João.

33 — Por que alguns alunos que terminaram a EAE, ao entrar na FDJ, sentem um vazio?

R — O vazio interior, em certas fases do amadurecimento espiritual é natural. Ocorre normalmente no intervalo entre fases, compromissos e como preparação. Esse é o vazio que a providência divina nos oferece como oportunidade para ser preenchido com nossas vivências e aprendizados.

No caso do fim da EAE, parte do vazio resulta da ausência dos companheiros da turma, e isto pode ser minimizado nos Encontros de Discípulos, pela vivência em fraternidade.

Em outras circunstâncias da vida do Discípulo de Jesus, o vazio pode ser sinal de afastamento dos ideais de fraternidade, ou seja, do próprio Mestre. Diz Jesus: "Eu vim para que tenhais vida, vida em abundância". Onde há abundância não há vazio.

34 — O que podemos fazer para que não ocorra o vazio após a EAE?

R — Primeiramente, promover melhor preparação dos alunos nas EAEs, de maneira a estarem em sintonia de ideias, sentimentos, pensamentos e atos com Jesus. Nesta sintonia haverá sempre a presença dos veneráveis mensageiros celestes.

Com relação à presença fraternal dos companheiros de ideal, devemos tomar a iniciativa de buscar os amigos. Recordemos a lei de ação e reação: se quisermos mais amizade, devemos dá-la. Bem diz a expressão: só é solitário quem não é solidário.

35 — Como entender que alguns companheiros, após o ingresso na FDJ, esfriam no ideal e até retornam à vida de vícios e defeitos?

R — Somos criaturas livres, em pleno gozo de nosso livre-arbítrio. O ingresso na FDJ é o marco inicial de uma longa caminhada com Jesus no propósito de implantarmos na Terra o seu reino, iniciando por nós mesmos. A permanência no caminho mostrado pela FDJ resulta de nossas escolhas. Cada pensamento, cada sentimento, cada atitude é um passo adiante ou, para estacionar, dependendo de cada um.

Disse-nos Jesus: *"Mas quem perseverar até o fim, esse será salvo"*. A perseverança nos ensinamentos de Jesus nos livra das trevas da ignorância que inibem a plenitude da vida.

36 — Como entender nos Discípulos comportamentos que depõem contra o testemunho cristão?

R — Como entender a postura de Judas sem penetrar-lhe o coração? Jesus o sabia, e o sabe em relação a cada um de nós. Cabe a nós refletirmos sobre a nossa parcela. Guardamos o testemunho de um irmão da FDJ que, ao se ver envolvido em um acidente de carro, por imprudência do outro motorista, inflamou-se para uma ríspida discussão, porém, súbito, estacou e tratou o assunto com equilíbrio e firmeza. Ao questioná-lo sobre a súbita mudança de ânimo tivemos a seguinte resposta: — é que eu quase ia me esquecendo que sou um iniciado. Como homem comum poderia reagir com grosseria, mas hoje, com todo o patrimônio de aprendizado, eu escolhi agir de modo cristão.

Assim temos escolhido, quando muitas situações da vida nos convidam a permanecer em atitudes inferiores, no desrespeito, na injustiça, na lascívia, como pessoa comum, eu sei que posso fazer isto, mas, como um iniciado, um Discípulo, não preciso e não devo e, portanto, escolho fazer algo que melhor me apoie para o bem. Sair do cipoal das forças inerciais involutivas que ora nos envolvem exige vontade firme e escolha consciente para o bem.

37 — Após o ingresso na FDJ, o discípulo deve continuar escrevendo na sua Caderneta Pessoal? Por quê?

R — Sim. Porque a Caderneta Pessoal é um poderoso instrumento de gerenciamento do processo de aprimoramento íntimo. Ela possibilita, por meio de uma sistemática simples e efetiva, aquilo que raramente conseguiríamos por nós próprios: autoconhecimento. Sem esse autoconhecimento não temos condições de atender às exigências e desafios que ser Discípulos de Jesus nos impõem. Um conhecimento mais amplo e profundo de nossas virtudes e defeitos nos fortalece contra as forças do mal, posto que em tese ninguém pode nos fazer mal, só podem incentivar, explorar o mal que ainda reside em nós. Há um famoso ditado que diz: "Ninguém gerencia o que não controla, e ninguém controla o que não mede", o uso da Caderneta também se insere nesta afirmação.

38 — Ser Discípulo é sinônimo de ser perfeito?

R — Perfeito somente Deus é. Acreditamos que uma das grandes realizações da EAE em nossas vidas é reconhecermos que somos perfectíveis, ou seja, tendemos à perfeição e Deus nos oferece todos os meios de edificarmos o autoaperfeiçoamento.
O discípulo de Jesus, membro da FDJ, reconhece o quanto ainda é imperfeito, mas se destaca pelo esforço que realiza na busca do aperfeiçoamento em todos os aspectos de sua vida.

39 — Como o Discípulo deve situar os seus trabalhos? Em termos de qualidade ou de quantidade?

R — Quantidade com qualidade. Recordemos que o Mestre falava muitas vezes às multidões e frequentemente ao colégio dos discípulos, porém sempre com qualidade e de acordo com a necessidade de cada um.

O Discípulo não pode perder de vista a qualidade, mesmo porque é uma condição natural. Vejamos, quem de nós vai, por exemplo, à feira e escolhe laranjas aguadas ou ácidas, bananas verdes, morangos impregnados de agrotóxicos, verduras murchas e carcomidas, ainda que se nos ofereçam a baixo custo e grande quantidade?

Neste caso lembramos mais uma vez as palavras do Mestre:

"– Pelos seus frutos os conhecereis", "– Assim, toda árvore boa produz bons frutos".

40 — Após meu desencarne continuarei sendo membro da FDJ?

R — Esta resposta está em seu coração. Como já dizia o Mestre: "Onde estiver o teu tesouro aí estará também o teu coração". Se estivermos identificados e vivenciando os ideais da FDJ enquanto encarnados, a perda do casulo carnal não modifica nosso íntimo. Não havendo impedimentos de outra ordem, certamente continuaremos na vida espiritual a trabalhar junto com outros irmãos, para consolidar e expandir os ideais da FDJ no planeta Terra.

41 — Gozará o membro da FDJ de privilégios na vida espiritual?

R — Gozará de todos os patrimônios de conhecimento e experiência que tiver edificado em sua alma. O iniciado na EAE é consciente das leis justas que regem nossa caminhada evolutiva de modo a entender seu destino como uma constante construção interior. Estando vigilante e precavendo-se contra a ilusão de que pertencer a uma comunidade religiosa lhe garantirá um lugar no "Céu", cultivará em sua vida a verdade e a harmonia construindo, dentro de si, a todo instante e em qualquer local o homem novo, mais próximo do Criador e com ele identificado.

Temos presenciado companheiros referirem-se com amargura à vida encarnada e asseverarem que só aguardam uma vida melhor no plano espiritual. É uma afirmação equivocada, posto que, com raras exceções, a mudança de plano só muda o cenário e não o papel que devemos desempenhar.

Usando uma estrofe famosa de nossa música popular: "*O melhor lugar do mundo é aqui e agora*". Pois é o único lugar em que podemos exercer o nosso poder divino de escolha. Escolhamos pois, com Jesus, o melhor aqui e agora, tanto no mundo físico quanto no mundo espiritual.

42 — O Discípulo precisa estar disponível 24 horas por dia? Como?

R — Não se deve confundir disponibilidade com atuação efetiva. Disponíveis para vivenciar os desígnios de Deus em nossas vidas, todos devemos estar, mesmo os que não são Discípulos. Entretanto, a condição humana encarnada impõe limites de atuação relacionados a nossas forças e capacidades, que devem ser utilizadas com bom senso para alcançarmos os resultados mais apropriados. Isto está escrito em todos os livros espíritas!

43 — Como Discípulo(a) estou obrigado(a) a aceitar qualquer trabalho?

R — Dentro dos limites de suas capacidades físicas, dentro da moral evangélica, dentro do bom senso, respeitando-se, respeitando a família e as demais instituições de que participa. O discípulo encara qualquer trabalho como oportunidade de servir e não se sente obrigado, sente-se motivado a aceitar novas experiências. Aliás, sempre é um grande aprendizado saber priorizar a nossa atuação, de modo a nos tornarmos efetivos, ou seja, agregando o máximo de valor no menor tempo possível, ao que realizamos. Isto é acrescer eficácia à eficiência!

44 — Como Discípulo, devo amar primeiro ao próximo ou a mim mesmo?

R — Amar-se é o primeiro grande passo para amar ao próximo. Cabe lembrar que o ato de amar-se diz respeito à nossa individualidade, ao "Eu Espírito", à centelha divina que somos e não somente a "persona" pela qual presentemente transitamos na Terra. Quem se ama se reforma para melhorar intimamente, em espírito.

Este assunto está muito bem explicado no *O Livro dos Espíritos*.

Amar o nosso próximo é um compromisso com nossa consciência, porque Deus nos dotou da capacidade de amar fraternalmente. Daí, a Lei máxima ensinada por Jesus: Amar a Deus sobre todas as coisas e amar ao próximo como a nós mesmos, isto resume tudo. O Amor a Deus e ao próximo é a síntese de todas as virtudes e o alicerce seguro de todas as conquistas do Espírito. Se nós soubermos cumprir esta Lei, todos os minutos das nossas vidas, tudo o mais torna-se fácil e simples. Por este motivo, Jesus veio nos ensinar o Amor à Humanidade, antes que quase nada soubéssemos: para sabermos o que fazer com a Verdade.

45 — A posição de Discípulo pode ser associada a poder e mando?

R — Todo poder emana de Deus e nEle reside. Nada podemos sem Deus. Fora dEle tudo é transitório e circunstancial. O Discípulo de Jesus não manda, solicita com a autoridade que o Amor Fraterno lhe faculta, o que passar disto não é divino. "Tudo é Força, mas só Deus é Poder."

46 — Sou discípulo. Devo continuar estudando?

R — Agora muito mais, como obrigação moral. Ninguém dá o que não tem. O anseio do Discípulo de Jesus é saber mais para melhor servir.

Não podemos perder de vista que nossa realização integral entende o nosso desenvolvimento pessoal nos três campos: o do conhecimento/razão, o do sentimento/emoção e o da habilidade/ação. Qualquer polarização e concentração sobre um deles, em detrimento dos demais, limitarão nossa produtividade.

47 — Como melhorar o entendimento do que se espera do Discípulo no campo da vivência do evangelho?

R — Diz-se (vide obra *Edgard Armond, meu pai*, pág. 178), que nos trabalhos de implantação das Escolas de Aprendizes do Evangelho, o mentor intelectual do movimento espírita no Brasil, Emmanuel, através de Francisco Cândido Xavier, colaborou, trazendo à luz uma série de mensagens inspiradas no Novo Testamento, que estão editadas na série de livros: *Caminho, Verdade e Vida*; *Vinha de Luz*; *Pão Nosso* e *Fonte Viva.*

Nelas encontramos menções específicas aos Aprendizes do evangelho, aos Servidores e aos Discípulos, justamente os graus da Iniciação Espírita, de forma que todos estes encontrarão inúmeras orientações práticas, vivências inspiradas nos ensinos do Mestre. Temos encontrado muitos companheiros de FDJ que fizeram destes livros, livros de cabeceira, consultando-os com frequência para melhor situarem-se diante da vida.

48 — Um membro da FDJ que abraçou outra religião continua sendo Discípulo?

R — O que identifica um Discípulo de Jesus é o conhecimento e a vivência dos ensinamentos do Mestre. Estando em outra religião e dentro desta vivência, a pessoa continua sendo um Discípulo de Jesus. Ela certamente servirá melhor a Jesus na situação em que se sente mais afinizada e plena, nas vibrações de Amor Fraterno ensinadas por Jesus Cristo.

No que se refere a continuar sendo membro da FDJ, no sentido íntimo, até poderemos afirmar que sim, desde que esta pessoa continue a nos sentir como irmãos de ideal, porém, no sentido prático, sentimos que não, pois o que caracteriza a "Fraternidade" ou "Irmandade" é a vivência em comum. Nada de sectarismo, pois o sectarismo anula os ensinamentos de Jesus.

Fazemos ainda a observação, como membros da FDJ ou Discípulos de Jesus, estamos no terceiro grau da iniciação espírita, o que evidentemente nos pede a fidelidade aos ensinos de Jesus tanto quanto aos postulados da doutrina espírita.

A CASA ESPÍRITA E OS DISCÍPULOS DE JESUS

49 — Por que se recomenda que atividades de coordenação e direção de trabalhos sejam realizadas por membros da FDJ?

R — Dado que o Discípulo, ao adentrar na FDJ, se compromete consigo e com Jesus ao testemunho evangélico, nada mais justo do que lhe facultar estes encargos. É através deles que encontrarão inúmeras oportunidades de provarem o amor ao Mestre amando aos companheiros, o que se expressa em atitudes de compreensão e perdão, apoio e motivação para o bem. Esta recomendação nos faz lembrar de Jesus ressurrecto admoestando Pedro por três vezes: — Pedro, tu me amas? — Sim, Mestre, é claro que te amo. — Então apascenta as minhas ovelhas!...

50 — Quais são as atividades eletivas da Casa Espírita aos Membros da FDJ?

R — Todas aquelas que concorram para a propagação do Evangelho de Jesus. E mais especialmente aquelas relacionadas com a Escola de Aprendizes do Evangelho, que é o setor da FDJ encarregado da iniciação de novos membros.

51 — Para ser Dirigente de Sala de Passes é preciso ser Discípulo?

R — Não. Basta ser servidor e ter concluído o curso de médiuns com aproveitamento.

Porém, quando o servidor ou o discípulo for chamado a servir nesta tarefa deve entender que o bom dirigente de sala vai além do exercício das tarefas do trabalho da sua sala e do amor aos assistidos. Ele também deve:

• Interessar-se pelos companheiros do grupo, estimulando a fraternidade, o companheirismo, a assiduidade e o diálogo fraterno no grupo.

• Receber bem os novos trabalhadores, apoiando-os na integração ao trabalho e junto aos membros do grupo.

• Promover o aprimoramento dos liderados, estimulando a leitura, a participação em reciclagens e esclarecendo dúvidas.

• Procurar preparar outros companheiros da sala para exercerem o seu trabalho;

• Estar atento e cooperativo em relação ao conjunto do trabalho, de que a sala faz parte.

• Ser o elo de comunicação entre a direção do trabalho e os membros da sala, tanto buscando diretrizes e informações, quanto levando informações do grupo para a direção dos trabalhos e do Centro Espírita.

• Estar sempre atento ao clima espiritual do trabalho e às orientações do plano espiritual.

Em verdade, o desejo de servir a Cristo, servindo ao irmão em espírito e verdade, é um compromisso do Discípulo. Por isso, muitas vezes, recomendam-se membros da FDJ na liderança de grupos.

52 — Para fazer a preleção é preciso ser Discípulo?

R — Não. Basta ser servidor e ter concluído o Curso de Expositores com aproveitamento.

É necessário também que o preletor entenda o objetivo da preleção que é predispor o assistido para a recepção (abertura interior) e manutenção (vigilância evangélica) do passe. A preleção não é doutrinação onde se busca converter as criaturas ao Espiritismo. É convite amoroso para o auto-encontro com o Cristo, com o amor do Pai Celestial. Na preleção não cabem palavras de crítica e condenação, mesmo porque os assistidos vêm em busca de um maior equilíbrio, requerendo de nós, em especial, o apoio fraterno.

A tarefa é recomendada aos membros da FDJ, posto que se trata da educação evangélica, de levar mais amor de Jesus aos corações.

53 — Para fazer entrevista é preciso ser Discípulo?

R — Não. Basta ser servidor preparado para os trabalhos na assistência espiritual.

O livro *Passes e Radiações*, no capítulo 27, faz algumas recomendações para o selecionamento de pessoas para esta **"delicada e importante tarefa".** Nossa experiência recomenda também que o entrevistador tenha trabalhado antes em outras tarefas da assistência espiritual: nos passes, na recepção, no encaminhamento, etc.

O objetivo da entrevista é apoiar, esclarecer e orientar o assistido. Apoiar é sobretudo ouvir com interesse tendo como foco os sentimentos da pessoa e não a problemática por ela apresentada. Esclarecer é sobretudo apresentar sucintamente a visão da doutrina acerca das situações expostas no diálogo fraterno. Não é julgar, dar receitas, conselhos ou opinião pessoal. Orientar é demonstrar o que o trabalho de Assistência Espiritual pode oferecer-lhe e de que forma.

Diversos grupos da Aliança, sentindo a delicadeza e a importância da tarefa, criaram Cursos de Entrevistadores. Muitos deles buscaram as recomendações do CVV - Centro de Valorização da Vida, em especial quanto a postura do entrevistador perante o atendido.

Neste trabalho o Discípulo encontrará também grande oportunidade de testemunhos. Há várias passagens na literatura espírita narrando várias entrevistas de Jesus. Vejam-se os livros de Humberto de Campos *(Irmão X),* por Francisco Cândido Xavier e *Amélia Rodrigues* por Divaldo Pereira Franco.

54 — Para trabalhar na secretaria é preciso ser Discípulo?

R — Não. Porém, caso se trate da secretaria das turmas de Escolas de Aprendizes do Evangelho é altamente recomendável. Todo o corpo diretivo da EAE é de fato composto por membros da FDJ que receberam delegação da mesma para prepararem novos membros. O secretário pode atuar como dirigente quando da ausência daquele e, desta maneira, deve conhecer o caminho.

Há escolas em que o grupo diretivo é formado por um Dirigente, um Assistente e um Secretário. Neste caso, sendo a função do secretário limitada à organização administrativa, pode-se então admitir um servidor exercendo tal função.

Num esquema orientado para a efetividade, os secretários ou assistentes são escolhidos com vistas a tornarem-se futuros dirigentes e, portanto, devem também pertencer ou estarem ingressando na FDJ.

Em se tratando da secretaria da Casa Espírita a resposta é Não.

55 — Para dar passe de limpeza (harmonização) é preciso ser Discípulo?

R — Não. Basta ser servidor e ter concluído com aproveitamento o Curso de Passes.

56 — Para fazer parte da diretoria da casa é preciso ser Discípulo?

R — Não. É, no entanto, importante lembrar que a condição de Discípulo de Jesus auxilia a expressão dos conceitos do ideal e programa da Aliança. A AEE surgiu com o objetivo de propagar a Vivência do Espiritismo Religioso, tendo por fundamento as Escolas de Aprendizes do Evangelho. As Escolas de Aprendizes do Evangelho, por sua vez, nasceram das diretrizes do Plano Espiritual Superior tendo como base um processo iniciático de três graus, dos quais o último é o de discípulo com o consequente ingresso na FDJ e compromisso da vivência do Espiritismo Religioso. A Casa Espírita é consequência da causa espírita, assim os Grupos da Aliança surgem para dar cumprimento aos ideais da FDJ e não o contrário. A FDJ permeia os Grupos da Aliança e muitos outros campos de testemunho com Cristo. Assim, as casas devem ser lideradas por irmãos compromissados com os ideais da FDJ, os mesmos da AEE.

57 — Para trabalhar no grupo mediúnico é preciso ser Discípulo?
R — Não. Basta ser servidor e ter concluído com aproveitamento o Curso de Médiuns.

58 — Existe diferença entre o trabalhador Discípulo e o trabalhador Servidor?

R — No âmbito da AEE é tão sutil essa diferença que nunca notamos qualquer embaraço quanto a isso. O trabalhador servidor deve, certamente, ter lido o opúsculo *Guia do Aprendiz* e, então, cumprirá muito bem todos os seus trabalhos. O Trabalhador Discípulo, certamente já leu o seu *Guia do Discípulo* e, então, cumprirá muito bem todos os seus deveres.

59 — Como a direção das casas espíritas deve tratar a FDJ?

R — Como o seu maior bem e seu melhor investimento, pois, invariavelmente, é com aqueles que se comprometeram com a causa, que se pode contar em todas as situações.
Como nos diz Edgard Armond, a AEE deve agremiar instituições espíritas e a FDJ, indivíduos no mesmo ideal de vivência. As instituições são formadas pelos indivíduos.

A OBRA SOCIAL E A FDJ

60 — Qual o nível de atenção que o Discípulo deve dar à Assistência Social?

R — O maior possível. Basta que recordemos o Mestre para que se nos esclareça esta questão:

"E aquele que der até mesmo um copo de água fresca a um destes pequeninos, na qualidade de discípulo, em verdade vos digo que de modo algum perderá a sua recompensa" (Mateus 10:42).

De fato, no presente momento, até mesmo as instituições consideradas materialistas, incentivam o serviço social voluntário. Convencidos de que a problemática social atual é gravíssima, e que são tantos os necessitados, todos devemos colaborar para minimizar as necessidades e sofrimentos de nossos irmãos.

Os Discípulos de Jesus devem ir mais fundo, auxiliando o corpo, a mente e a alma que padecem, plantando a esperança e a confiança, não perdendo de vista a verdadeira caridade que é fazer com que as pessoas não precisem de caridade.

Nossas Caravanas de Evangelização e Auxílio, inseridas no programa das EAEs, são os primeiros passos e o protótipo de tudo isso.

61 — É tarefa da FDJ promover a abertura de instituições de Assistência Social?

R — À FDJ, como instituição, não exatamente, porém seus membros, conscientes das necessidades locais que os rodeiam, devem deixar o amor brotar de seu coração em flores e frutos de assistência fraterna, primeiramente como tarefa individual e, se possível, como um esforço compartilhado por outros irmãos de ideal.

A FDJ, congregando e apoiando os Discípulos, dá-lhes fortaleza interior, clareza de ideias e favorece o encontro de irmãos de ideal afins a um mesmo campo de serviço e testemunho em benefício do próximo, o que tem sido a origem de muitas instituições.

A ESCOLA DE APRENDIZES DO EVANGELHO E A FDJ

62 — Qual surgiu primeiro: a EAE ou a FDJ?

R — No plano terreno, a EAE surgiu primeiro e a FDJ depois. Porém, no plano espiritual a FDJ foi a primeira idealização e a EAE sua consequência natural, pois a implementação da FDJ exige a EAE como porta de acesso. O "Plano Convite da Escola de Aprendizes do Evangelho", promulgado na aula inaugural da 1ª turma da EAE na FEESP é muito claro neste aspecto, como consta nas páginas iniciais do livro *Iniciação Espírita* e no cap. 18 da 2ª parte deste livro.

63 — Não podemos conceber o discipulado sem a iniciação na EAE?

R — Didaticamente, podemos definir três tipos de iniciação:

Iniciação indireta: é a proporcionada pela vida, pela experiência cotidiana sob as diretrizes da lei de evolução e supervisão da lei de Ação e Reação.

Iniciação direta: é a que nos oferece as escolas iniciáticas, ampliando nossos conhecimentos e concitando-nos à vivência dos mesmos, com reforma íntima para melhor.

Iniciação real: é a que surge em nosso íntimo pela expansão da consciência.

Portanto, entende-se que discípulo é todo aquele que se submete à iniciação direta com vistas à iniciação real. A EAE oferece a oportunidade de vivenciar esses dois tipos de iniciação.

No livro *Guia do Aprendiz* há uma capítulo, "Iniciação sem Escola", cuja leitura pode ampliar a resposta para esta questão.

64 — Qual a relação entre os vários graus da Iniciação Espírita?

R — A relação entre os vários graus se manifesta no crescente grau de comprometimento:

- Aluno é o indivíduo comprometido em frequentar as aulas da EAE.
- Aprendiz é o aluno comprometido em aprender e renovar-se no Evangelho.

• Servidor é o aprendiz comprometido em servir ao próximo nas linhas do Evangelho.
• Discípulo é o servidor comprometido em propagar, pela vivência, o Evangelho para a família universal.

65 — O dirigente de EAE deve ser um membro da FDJ? Por quê?

R — Sempre. Destacaremos algumas razões para melhor consolidarmos esse princípio.
1) A EAE é um setor da FDJ encarregado de preparar novos membros para suas fileiras. Ela é uma escola iniciática.
2) O dirigente é um membro da FDJ, preparado por aquela e que recebeu a delegação da Fraternidade para conduzir o aluno nos dois primeiros graus da iniciação espírita, o de Aprendiz e o de Servidor, tendo em vista ingressarem no terceiro grau, o de Discípulo.
3) "Líder é quem conhece o caminho e, com amor, compartilha com os liderados este saber." Este conhecimento, para nós, subentende a vivência que só vem da experiência.
4) O dirigente de EAE é um Discípulo de Jesus que transborda os ideais da FDJ a ponto de dispor-se a compartilhá-los naturalmente com os iniciantes.

66 — Como entender, então, que algumas escolas foram dirigidas por pessoas que eram dirigentes e ao mesmo tempo alunas?

R — Temos conhecimento destes casos em cidades distantes, onde pessoas motivadas por membros da FDJ e da AEE, dispuseram-se a iniciar uma nova célula da FDJ, uma nova Casa Espírita da AEE, e nada mais acertado, natural e tranquilo do que fazê-lo através da iniciação espírita, através da EAE. Dos casos que conhecemos todas estas escolas foram acompanhadas por membros da Fraternidade e da Aliança, que lhes deram orientação e sustentação. Os assim denominados dirigentes, de fato eram também alunos, que atuaram mais como secretários ou elementos de contato com a FDJ. Vale lembrar que, como dirigente da primeira turma de EAE que existiu na Terra, Edgard Armond também considerava-se o aluno número um.

67 — Para ser expositor é necessário ser Discípulo?

R — Não, mas é altamente recomendável, tendo em vista as aulas focalizarem o processo iniciático e o testemunho evangélico. Quem melhor poderá instilar a força de um ideal senão aquele que o vive? Como conclamar os Aprendizes aos graus superiores se não participamos deles?

Os Discípulos devem ser estimulados à tarefa de exposição de aulas, preleções, palestras, bem como à mensagem escrita. A propagação da mensagem e o esclarecimento espiritual são itens básicos e fundamentais da sua missão.

Em tese todo Discípulo deve estar preparado para comunicar a mensagem espírita evangélica. Deve, então, esta preparação ser promovida pelo dirigente da Escola de Aprendizes facultando e/ou encaminhando-os para os cursos respectivos: expositores, evangelizadores de infância, entrevistadores, etc.

68 — Basta o aluno concluir a EAE para ser considerado um membro da FDJ?

R — Na AEE não. É necessário que decida explicitamente ser membro da FDJ, submeta-se ao período probatório, aos testes de aprovação e participe da cerimônia de ingresso na qual assumirá, em reunião privativa da Fraternidade, o compromisso do discípulo consigo mesmo e com Jesus.

69 — Como o programa da Aliança, definido no livro Vivência do Espiritismo Religioso, apresenta o tema FDJ?

R — A abertura do livro traz um trecho do estatuto moral da FDJ, o Sermão da Montanha, especialmente onde Jesus nos fala que o discípulo é a Luz do Mundo e o Sal da Terra (Mateus 5:13-16).

70 — Pode-se entender a EAE fora do conceito da FDJ?

R — Do ponto de vista que foi concebido e idealizado pela Espiritualidade Maior não. Pois a FDJ guarda os fins da Iniciação Espírita enquanto a EAE os meios.

Evidentemente a EAE traz em si um manancial fabuloso de bênçãos e todos que dele beberem se beneficiarão. Ocorre que a experiência de viver em uma Fraternidade ainda é um grande desafio a se realizar. Temos hoje muitas luzes acesas porém elas se encontram concentradas em nossas vivências dentro das casas espíritas. Há que se estender tais luzes à sociedade, a iniciar por nós próprios. Nisto estão imbuídos e comprometidos os Discípulos.

Pergunta semelhante foi formulada a Edgard Armond, e se encontra no livro *Edgard Armond, meu pai*, pág. 180, item nº 3: Vejamos a resposta:

"Se tudo terminasse na Escola de Aprendizes do Evangelho, haveria dispersão, insegurança, domínio personalista, influência individual, negligência, esmorecimento no esforço e nas convicções; tudo isto deixa de existir se o discípulo sabe que está apoiado, sustentado, amado como sempre e pronto para ser orientado e acudido em qualquer circunstância".

Como vemos, a vivência em Fraternidade é fundamental, base de apoio ao discípulo para o cumprimento da sua missão.

71 — O aluno da EAE deve ser direcionado para trabalhar na Casa Espírita ou para ser Discípulo?

R — Sem dúvida para ser Discípulo. Vejamos que a finalidade da EAE é a FDJ. A Casa Espírita é um dentre os vários campos em que o Discípulo poderá atuar. Nas palavras de Edgard Armond, para o Discípulo, a seara de trabalho é o mundo. O mundo vai muito além das paredes da Casa Espírita.

72 — Quando eu, como dirigente de EAE, sei que estou pronto para abordar o tema FDJ aos alunos?

R — Quando sentir enorme segurança e satisfação em ser membro da FDJ.

73 — Quando deve ser abordado o assunto FDJ na EAE?

R — O assunto já é superficialmente citado na última aula do Curso Básico de Espiritismo, em que a EAE é anunciada. Devemos apresentar cristalinamente a FDJ na aula inaugural da EAE. Se não o fizermos, estaremos sendo, no mínimo, omissos e perigosamente não sinceros com os alunos, futuros Aprendizes, Servidores e Discípulos.

O primeiro tópico do livro texto da EAE, o Iniciação Espírita, é o Plano Convite da Escola de Aprendizes do Evangelho, que deve ser a base da aula inaugural. Ela menciona a grande meta da Escola como a Fraternidade e o Discipulado. Há ainda as aulas 100 e 106 da EAE, nas quais o tema é tratado em profundidade.

74 — Qual a razão de muitos Dirigentes de Escola evitarem o assunto FDJ no início do curso?

R — Uma pequena história conta que um viajante aproximou-se de um grupo de operários trabalhando em uma obra e inquiriu a um deles: O que o senhor está fazendo? Este respondeu rispidamente: — Não vê que eu estou quebrando pedras!

Aproximou-se de outro que fazia a mesma tarefa e perguntou novamente: O que o senhor está fazendo?

Este outro respondeu com entusiasmo — Estou construindo a nossa grandiosa catedral!

Na FDJ estamos trabalhando na edificação de uma grandiosa catedral espiritual na Terra. Com alicerces em nosso mundo íntimo, ela deve aproximar as criaturas do Criador. Ocorre que alguns ainda guardam uma visão incompleta da obra fixando-se, cansativamente, nos meios e não nos resultados.

75 — Podem-se acrescentar mais aulas na EAE sobre o tema FDJ?

R — No nosso entender não se trata de acrescentar mais aulas, mas, sobretudo, incluir naturalmente no tema de todas as aulas do programa o assunto FDJ. Como temos dito, é tarefa de todos os envolvidos na escola quando se sentem verdadeiramente membros da FDJ, preparando novos membros. Somos da opinião de que uma é mais bem absorvida em doses homeopáticas, pouco e pouco e repetidas vezes.

76 — As aulas 100 e 106 da EAE devem ser ministradas pelo dirigente ou por uma pessoa mais ligada à FDJ?

Deve ser ministrada por qualquer membro da FDJ que esteja apto para esclarecer as dúvidas remanescentes sobre a FDJ. Dizemos remanescentes, pois, nesta altura da Escola, o assunto já deve ser conhecido e ter sido amplamente discutido dentro da turma. Mas, ainda, estas aulas devem ser ministradas por quem possa conduzir um debate aberto sobre os ideais da FDJ e o potencial do Discípulo para a construção do Bem.

77 — Como aluno, onde encontro fontes que me dêem subsídios sobre a FDJ?

R — Além do material curricular, nos livros de Edgard Armond e de Martha Gallego Thomaz, a leitura regular das páginas do jornal *O Trevo,* gravações do canal da Aliança no YouTube e conteúdos do site da Aliança (www.alianca.org.br) também são altamente recomendáveis.

78 — O Dirigente de Curso de Médiuns deve ser Discípulo?

R — É vital considerar: para que a FDJ cumpra o seu desiderato na Terra é necessário um trabalho sincronizado entre o plano físico e o espiritual. Neste contexto, como nos dias primeiros da mensagem de Jesus na Terra, os Discípulos tanto quanto possível devem educar a sua mediunidade, tornando-se canais fidedignos das bênçãos que jorram do mais alto.

Deste modo o Dirigente de Curso de Médiuns deve ser alguém esclarecido e comprometido com estas finalidades. Nasce daí a recomendação de que o Dirigente de Curso de Médiuns seja um membro atuante da FDJ.

79 — Como apresentar a FDJ sem que o aluno entenda que não é um diploma da EAE?

R — Primeiramente é indispensável que todos saibam que DIPLOMAS são criações de homens para homens e não de Deus. Em ambiente INICIÁTICO, por Amor a Jesus, não se cogita de DIPLOMAS ou TÍTULOS mas, sim, de galardões divinos que, com muita humildade, receberemos por merecimento.

Deve-se esclarecer aos alunos, com toda franqueza e objetividade, que, ao terminarem o curso nas EAEs e ingressarem na FDJ, não fazem juz a nenhum diploma. Humildemente devem conquistar a graça divina de se sentir mais perto de Jesus para ajudar o próximo a se redimir e, assim, contribuir para melhorar o Globo Terrestre. A leitura do capítulo 22 do livro *Fonte Viva* é recomendável.

80 — Como colocar o estudo do Guia do Aprendiz e do Guia do Discípulo dentro da EAE?

R — Com a maior naturalidade possível. A leitura desses opúsculos deve ser incentivada desde os primeiros dias do curso, tecendo, oportunamente, comentários pertinentes. Na década de 1970, os alunos recebiam esses opúsculos e, com grande avidez e interesse, carregavam nos bolsos para lê-los a qualquer momento: no ônibus, no trem, nas salas de espera de dentistas, médicos, fila de bancos, etc.

81 — Como manter o clima das aulas da EAE em sintonia com os fins da FDJ?

Muito se tem discutido a respeito da necessidade de um clima espiritual elevado nas aulas da EAE. Esta necessidade se torna bem clara quando temos em mente que estamos preparando propagadores do evangelho, mensagens vivas de uma vivência espiritualizada, sementes de uma nova era. Indivíduos que, quando engajados na contracultura que a vivência mais espiritualizada representa, serão admoestados física e espiritualmente no meio ainda primitivo e animalizado que domina a crosta.

No Evangelho de Mateus no capítulo 10 encontramos as orientações de Jesus aos discípulos quando foram concitados ao "Ide e pregai", mais exatamente no versículo 16 encontramos:

"*Eis que vos envio como ovelhas ao meio de lobos; portanto, sede prudentes como as serpentes e simples como as pombas*".

Os minutos que temos semanalmente com os alunos são deveras preciosos e diríamos escassos, devem portanto ser hipervalorizados, de modo que assuntos não pertinentes ao núcleo da iniciação sejam minimizados. Temos que lhes facultar os meios de serem simples e prudentes, de se fortalecerem na fé.

Grande é o esforço empreendido pelas Fraternidades do Espaço, a cada aula, para dotar o recinto e nossa individualidade de um clima espiritual elevado, ambiente que proporciona aberturas mentais, emocionais, psíquicas e mesmo saúde física. Malbaratar estas bênçãos é, como dizem popularmente, lançar dejetos no prato onde se alimenta.

O INGRESSO NA FDJ

82 — O aluno deve ser conduzido a ingressar na FDJ?

R — Conduzido não é a ação mais adequada. Diríamos que o aluno da EAE deve ser despertado e motivado para integrar a FDJ.

83 — O aluno tem o direito de não ingressar na FDJ?

R — Sem dúvida. Esta é uma escolha pessoal intransferível. A passagem para o terceiro grau da iniciação espírita e consequente ingresso na FDJ é um momento em que o livre-arbítrio deve ser exercido em toda a plenitude. Em princípio "só nos responsabilizamos por aquilo que escolhemos". Pressões dos dirigentes e companheiros de turma são altamente desaconselháveis.

No final da EAE ampliam-se as dúvidas, por parte dos alunos, referentes ao próximo grau, o de Discípulo, e a forma dele se situar dentro da FDJ. Estas dúvidas devem ser amplamente esclarecidas pelos dirigentes da EAE, se necessário até pelos coordenadores regionais da FDJ ou ainda pelo CGI da AEE. De modo que o servidor possa afirmar com segurança: "Eu escolho integrar-me à FDJ e assumo o compromisso do Discípulo".

84 — Como entender os dirigentes e até os avaliadores que forçam os alunos para o ingresso?

R — Despreparados para a função.

85 — Pessoas com muita experiência na Doutrina Espírita podem ingressar na FDJ sem ter feito a EAE?

R — De modo algum. Não podemos esquecer o valioso exemplo de Edgard Armond, que, mesmo tendo extensa bagagem na doutrina, além de vasta experiência reencarnatória, quando da criação das EAEs tornou-se o primeiro aluno a se inscrever. A criatura pode ter muita cultura espírita e até grandes conquistas morais, porém, em termos de EAE, a vivência só é adquirida através da experimentação, da convivência, da aclimatação, da harmonização vibratória.

86 — Como devem proceder para ingressar na FDJ aquelas pessoas que concluíram a EAE e permaneceram longo tempo como Servidores?

R — O procedimento mais comum e eficaz tem sido o reengajamento no terceiro ano de uma EAE em andamento de modo a se aclimatar e atender aos procedimentos de ingresso sob a supervisão dos dirigentes desta turma.

87 — Quem aprova o aluno no ingresso à FDJ: o Plano Espiritual ou a Caderneta?

R — Nenhum. É o aluno que se aprova com os seus próprios esforços. A análise da Caderneta é um dos instrumentos utilizados pelos membros da FDJ para constatar o nível de compromisso do servidor com a causa do Cristo e seu preparo, no esforço da renovação íntima, para assumir maiores compromissos junto à FDJ. O exame espiritual é outro instrumento com propósito semelhante porém complementar, pois, neste caso, os mentores espirituais é quem avaliam este preparo. Qualquer polarização em somente um destes instrumentos torna o processo incompleto e inválido.

88 — Qual a necessidade do período probatório?

R — O assunto é abordado no *Guia do Aprendiz*, mas podemos complementar. A escolha de ingressar na FDJ é entendida como um compromisso espiritual assumido pelo iniciado. É um voto de fidelidade que será considerado por nossos mentores para programar nossas atividades futuras com vistas à testemunhação evangélica. Deve portanto ser uma atitude consciente e livre de influências exteriores. A turma, a presença dos companheiros e dirigentes, bem como a dos mentores, podem nos induzir a uma decisão de grupo quando esta deve ser uma decisão particular, individual e intransferível. É um momento de uso do livre-arbítrio, portanto extremamente sagrado e altamente respeitado pelos maiorais da vida eterna.

89 — Basta concluir a EAE e cumprir o período probatório para ser considerado Discípulo e membro da FDJ?

R — Não. Faz-se necessário submeter-se ao processo de ingresso. Este processo é constituído basicamente de quatro atividades:

1) apresentação e verificação da Ficha de Auto-Avaliação;
2) apresentação e verificação da Caderneta Pessoal;
3) exame espiritual; e
4) assumir publicamente o compromisso do discípulo, participando da reunião privativa e na cerimônia pública de ingresso.

90 — Quem são as pessoas responsáveis pela análise das Cadernetas Pessoais?

R — São Discípulos mais experientes que já dirigiram ou participaram da direção de Escolas de Aprendizes do Evangelho e participam de encontros específicos para verificação de Cadernetas.

91 — Essas pessoas são escolhidas ou se oferecem para realizar esse trabalho?

R — Todas são Discípulos, que, enxergando a oportunidade de servir, oferecem-se voluntariamente, aceitando a incumbência.

92 — Quais são os critérios de verificação das Cadernetas Pessoais?

R — Há dois tipos de critérios: os objetivos e os subjetivos, além dos intrínsecos e dos extrínsecos. Os objetivos referem-se à análise formal da caderneta que é realizada, preliminarmente, na reunião de entrega, quando os dirigentes com turmas a ingressar, encaminham as cadernetas ao coordenador regional e/ou setorial para que este as distribua entre os verificadores. Os critérios subjetivos referem-se ao conteúdo propriamente dito e são observados pelo verificador durante o prazo estipulado para análise, quanto aos esforços sinceros na Reforma Íntima para melhor.

93 — Quais são os quesitos objetivos verificados nas Cadernetas?

R — São verificados todos os componentes indispensáveis das Cadernetas tais como: Instruções para uso coladas à contracapa, testes de 1 a 6, notas dos exames espirituais realizados no primeiro, segundo e terceiro anos da escola, anotações periódicas, do recolhimento, feitas pelo dirigente e outras informações adicionais tais como mudança de Turma, mudança de Casa Espírita, etc.

94 — Quais são os quesitos subjetivos verificados nas Cadernetas?

R — A verificação subjetiva é uma fase muito delicada na qual o verificador lerá as anotações feitas pelo aluno e avaliará se existe nelas "compromisso com a Reforma Íntima". Se houve da parte do aluno, no mínimo, intenção de mudança, desejo íntimo de transformação para o bem. Isso é observado nas análises que o aluno faz de si mesmo, nos planos e metas que traça para sua renovação interior, na frequência com que utiliza a Caderneta, prática da caridade, etc.

95 — A verificação refere-se exclusivamente à Caderneta ou alcança também a pessoa do aluno?

R — As verificações devem centralizar-se exclusivamente sobre o conteúdo das Cadernetas. O verificador, em geral, não conhece o aluno e, portanto, não tem parâmetros para realizar qualquer julgamento da pessoa e, mesmo que tivesse, esse julgamento em nada contribuiria, pois todo julgamento parte de uma visão parcial que não representa a verdade absoluta.

96 — São consideradas na verificação as conquistas, os avanços e os retrocessos do aluno?

R — Não. É considerado apenas o esforço que o aluno está realizando, sua dedicação e seu desejo de melhorar-se. As conquistas são de avaliação pessoal do aluno, assim como os avanços e retrocessos.

97 — Muito se fala em verificadores que reprovam Cadernetas porque o aluno declarou-se incapaz de perdoar alguém. Isso está correto?

R — No contexto da Caderneta o fato de o aluno declarar-se incapaz de perdoar nada significa se ele está comprometido em melhorar-se.

98 — Conhecem-se casos de reprovações porque o aluno(a) declarou-se homossexual. Isso é coerente? Não é preconceito?

R — Da mesma forma que a incapacidade momentânea de perdoar, o homossexualismo também nada significa se existe o compromisso com a reforma íntima.

99 — Qual a finalidade do Exame Espiritual da FDJ?

R — O processo do exame espiritual oferece condições ao servidor para que ele mesmo verifique se atingiu a conscientização quanto a seu potencial de servir ao ideal Maior. Em resumo, se tem condições de constituir-se em arauto do Evangelho.

100 — Por que em alguns exames o aluno passa por três ou quatro grupos de médiuns?

R — Em geral, as equipes das Regionais da Aliança têm buscado trabalhar de forma a proporcionar o exame mais detalhado, visando o enriquecimento do aluno em sua caminhada ao discipulado. Por isso, analisar-se em grupos separados os aspectos de Estudo, Trabalho e Reforma Íntima tem utilidade porque permite informar precisamente ao aluno qual ou quais aspectos devem exigir dele maior esforço, no caso de uma condição negativa. Diversas Regionais também concluíram pela utilidade em se adotar um grupo específico para mensagens psicofônicas, dados os aspectos de apoio moral e incentivo, que os mentores da EAE desejam amorosamente transmitir.

101 — É normal que os alunos se desmotivem, ou mesmo se afastem, após uma negativa no exame espiritual para o ingresso?

R — Percebe-se que os alunos, via de regra, passam por um estado de ansiedade acima do normal em relação ao exame da FDJ, causado por três anos de experiências e esforços acumulados na EAE e, algumas vezes, por considerarem erradamente que a FDJ é uma espécie de patamar espiritual mais elevado. Em verdade, a Fraternidade constitui um nível de compromisso espiritual maior.

102 — Como lidar com essa desmotivação?

R — É importante que, nesse momento, um membro da Fraternidade esclareça, através de uma conversa fraterna, sobre o resultado do exame e os porquês de uma eventual negativa. O exame indica se o candidato já reúne condições de testemunhar o Evangelho com sua vivência, enfrentando as árduas situações que esse nível de compromisso lhe exigirá, ou se necessita de um tempo adicional de preparação. Portanto, a negativa é para o momento. Pode ser que essas "condições" não estejam todas desenvolvidas nesse momento. Pode ser que compromissos espirituais assumidos antes da reencarnação exijam uma preparação mais intensa. Certamente, a negativa também é uma demonstração de amor dos mentores espirituais, nunca de rigorismo ou elitismo.

103 — É possível ocorrer um erro de avaliação no exame espiritual?

R — Os mentores encarregados da avaliação pronunciam sua posição com base em observações realizadas ao longo dos três anos da EAE, consideradas as condições de vida de cada servidor. Os médiuns, porém, estão sujeitos a falhas e é possível que um grupo se engane, mesmo dentro do espírito de trabalho de equipe. Porém, mesmo nesses casos, devemos considerar, a priori, que não há falhas nas Leis Divinas. Esse fato pode ser considerado, ainda, como mais um teste de aceitação e perseverança do aspirante ao discipulado. Além disso, nunca um aluno será impedido de se submeter a um novo exame espiritual, por ocasião do próximo ingresso em sua Regional.

ENCONTROS DE DISCÍPULOS

104 — O que são estes Encontros de Discípulos?

R — É um novo programa, dentro das atividades da FDJ, que surgiu da necessidade de expandir o apoio mútuo, a fraternidade entre seus membros, estejam eles ou não vinculados ao movimento das casas espíritas.

105 — O que se espera dos Encontros de Discípulos?

R — Que ele reacenda, amplifique a chama do ideal crístico, a consciência do Discípulo em relação ao seu papel neste momento crítico por que passa a humanidade. Espera-se que apoie os Discípulos através de maior vivência fraternal.

Temos que compreender que, mesmo estando no Grau de Discípulo, ainda assim estamos em processo, carecemos de momentos de comunhão fraternal, trocas de vivências, reafirmações e estudos, carecemos revisar nossos objetivos de vida perante a FDJ.

106 — No que os Encontros de Discípulos se diferenciam das Sessões Dependentes?

R — As sessões dependentes, em geral, estão ligadas a uma Casa Espírita e reúnem os Discípulos em atuação dentro desta casa. Os Encontros de Discípulos por sua vez estão organizados por endereço, ou seja pela proximidade da moradia do discípulo. Assim, entende-se que independentemente do Grupo em que o Discípulo atue, ou se ainda atue no movimento espírita, ele estará em comunhão com aqueles que lhe são mais próximos do ponto de vista de moradia.

As reuniões dos EDs estão sendo realizadas, tanto quanto possível, fora do ambiente da Casa Espírita, próxima ou nos lares dos Discípulos.

107 — No quê os Encontros de Discípulos se diferenciam das Reuniões de Discípulos, dos Encontros da FDJ ou mesmo do Momento de Fraternidade da FDJ?

R — Conquanto as diversas reuniões que se promovem no âmbito da FDJ tenham objetivos diversos e genéricos e programação variável, conforme o local em que se realizem, os Encontros de Discípulos apresentam um objetivo claro, um programa definido, um clima particular e intimista.

É importante que os Encontros de Discípulos não sejam confundidos com as diversas reuniões que se promovem no âmbito da FDJ, pois eles não são "mais uma reunião" e sim um mini seminário participativo.

108 — Qual a intenção em fazer estas reuniões fora das casas espíritas?

R — É justamente promover a Fraternidade, este sentimento pelo qual o Mestre diz que nos identificam: "Eis que conhecerão que sois meus discípulos pelo muito que vos amardes uns aos outros" (João 13:35).

Também visam proporcionar momentos de reflexão, fora da atuação na Casa Espírita, que liguem o discípulo aos seus testemunhos cotidianos, no íntimo, no lar, no trabalho, no convívio social, etc.

É vital a nossa união fora das paredes da Casa Espírita. O cumprimento das determinações de Jesus, em levar o Seu amor aos irmãos de jornada, pede que nos sintamos incentivados, apoiados, esclarecidos pela FDJ, o que se dá pela presença amiga do Mestre na intimidade e pela proximidade dos irmãos de ideal.

A Casa Espírita foi e continua sendo o centro de promoção do Espiritismo Religioso com sua mensagem redentora. Esta luz bendita deve ser estendida a todas as instituições.

109 — Não sou membro da FDJ. Posso participar dos Encontros de Discípulos?

R — O programa dos Encontros de Discípulos foi idealizado para atender necessidades da vivência dos membros da Fraternidade. Os assuntos abordados levam em conta o processo iniciático, pelo qual passaram os Discípulos nas EAEs, e o compromisso de Servir ao Mestre. Portanto, para pessoas alheias a estes pontos, podem não fazer sentido os assuntos, posturas e abordagens, tornando estranha sua presença. No mais, não há inconveniente em participar desde que os componentes do Encontro, num consenso, concordem. Quando os interessados são alunos, futuros pretendentes ao discipulado, neste caso achamos até ser de grande conveniência. Com antecedência deve-se ter presente a impossibilidade irretorquível da não aceitação de polêmica no ambiente dos nossos Encontros de Discípulos.

APÊNDICE

O SERMÃO DO MONTE

Segundo Mateus

Capítulo 5

1 Jesus, pois, vendo as multidões, subiu ao monte; e, tendo se assentado, aproximaram-se os seus discípulos,
2 e ele se pôs a ensiná-los, dizendo:
3 Bem-aventurados os humildes de espírito, porque deles é o reino dos céus.
4 Bem-aventurados os que choram, porque eles serão consolados.
5 Bem-aventurados os mansos, porque eles herdarão a Terra.
6 Bem-aventurados os que têm fome e sede de justiça porque eles serão fartos.
7 Bem-aventurados os misericordiosos, porque eles alcançarão misericórdia.
8 Bem-aventurados os limpos de coração, porque eles verão a Deus.
9 Bem-aventurados os pacificadores, porque eles serão chamados filhos de Deus.
10 Bem-aventurados os que são perseguidos por causa da justiça, porque deles é o reino dos céus.
11 Bem-aventurados sois vós, quando vos injuriarem e perseguiram e, mentindo, disserem todo mal contra vós por minha causa.
12 Alegrai-vos e exultai, porque é grande o vosso galardão nos céus; porque assim perseguiram aos profetas que foram antes de vós.
13 Vós sois o sal da Terra; mas se o sal se tornar insípido, com que se há de restaurar-lhe o sabor? para nada mais presta, senão para ser lançado fora, e ser pisado pelos homens.
14 Vós sois a luz do mundo. Não se pode esconder uma cidade situada sobre um monte;
15 nem os que acendem uma candeia a colocam debaixo do alqueire, mas no velador, e assim ilumina a todos que estão na casa.

16 Assim resplandeça a vossa luz diante dos homens, para que vejam as vossas boas obras, e glorifiquem a vosso Pai, que está nos céus.
17 Não penseis que vim destruir a lei ou os profetas; não vim destruir, mas cumprir.
18 Porque em verdade vos digo que, até que o céu e a Terra passem, de modo nenhum passará da lei um só i ou um só til, até que tudo seja cumprido.
19 Qualquer, pois, que violar um destes mandamentos, por menor que seja, e assim ensinar aos homens, será chamado o menor no reino dos céus; aquele, porém, que os cumprir e ensinar será chamado grande no reino dos céus.
20 Pois eu vos digo que, se a vossa justiça não exceder a dos escribas e fariseus, de modo nenhum entrareis no reino dos céus.
21 Ouvistes que foi dito aos antigos: Não matarás; e, Quem matar será réu de juízo.
22 Eu, porém, vos digo que todo aquele que se encolerizar contra seu irmão, será réu de juízo; e quem disser a seu irmão: Raca, será réu diante do sinédrio; e quem lhe disser: Tolo, será réu do fogo do inferno.
23 Portanto, se estiveres apresentando a tua oferta no altar, e aí te lembrares de que teu irmão tem alguma coisa contra ti,
24 deixa ali diante do altar a tua oferta, e vai conciliar-te primeiro com teu irmão, e depois vem apresentar a tua oferta.
25 Concilia-te depressa com o teu adversário, enquanto estás no caminho com ele; para que não aconteça que o adversário te entregue ao guarda, e sejas lançado na prisão.
26 Em verdade te digo que de maneira nenhuma sairás dali enquanto não pagares o último ceitil.
27 Ouvistes que foi dito: Não adulterarás.
28 Eu, porém, vos digo que todo aquele que olhar para uma mulher para a cobiçar, já em seu coração cometeu adultério com ela.
29 Se o teu olho direito te faz tropeçar, arranca-o e lança-o de ti; pois te é melhor que se perca um dos teus membros do que seja todo o teu corpo lançado no inferno.
30 E, se a tua mão direita te faz tropeçar, corta-a e lança-a de ti; pois te é melhor que se perca um dos teus membros do que vá todo o teu corpo para o inferno.
31 Também foi dito: Quem repudiar sua mulher, dê-lhe carta de divórcio.
32 Eu, porém, vos digo que todo aquele que repudia sua mulher, a não ser por causa de infidelidade, a faz adúltera; e quem casar com a repudiada, comete adultério.

33 Outrossim, ouvistes que foi dito aos antigos: Não jurarás falso, mas cumprirás para com o Senhor os teus juramentos.
34 Eu, porém, vos digo que de maneira nenhuma jureis; nem pelo céu, porque é o trono de Deus;
35 nem pela Terra, porque é o escabelo de seus pés; nem por Jerusalém, porque é a cidade do grande Rei;
36 nem jures pela tua cabeça, porque não podes tornar um só cabelo branco ou preto.
37 Seja, porém, o vosso falar: Sim, sim; não, não; pois o que passa daí, vem do Maligno.
38 Ouvistes que foi dito: Olho por olho, e dente por dente.
39 Eu, porém, vos digo que não resistais ao homem mau; mas a qualquer que te bater na face direita, oferece-lhe também a outra;
40 e ao que quiser pleitear contigo, e tirar-te a túnica, larga-lhe também a capa;
41 e, se qualquer te obrigar a caminhar mil passos, vai com ele dois mil.
42 Dá a quem te pedir, e não voltes as costas ao que quiser que lhe emprestes.
43 Ouvistes que foi dito: Amarás ao teu próximo, e odiarás ao teu inimigo.
44 Eu, porém, vos digo: Amai aos vossos inimigos, e orai pelos que vos perseguem;
45 para que vos torneis filhos do vosso Pai que está nos céus; porque ele faz nascer o seu sol sobre maus e bons, e faz chover sobre justos e injustos.
46 Pois, se amardes aos que vos amam, que recompensa tereis? não fazem os publicanos também o mesmo?
47 E, se saudardes somente os vossos irmãos, que fazeis demais? não fazem os gentios também o mesmo?
48 Sede vós, pois, perfeitos, como é perfeito o vosso Pai celestial.

Capítulo 6

1 Guardai-vos de fazer as vossas boas obras diante dos homens, para serdes vistos por eles; de outra sorte não tereis recompensa junto de vosso Pai, que está nos céus.
2 Quando, pois, deres esmola, não faças tocar trombeta diante de ti, como fazem os hipócritas nas sinagogas e nas ruas, para serem glorificados pelos homens. Em verdade vos digo que já receberam a sua recompensa.
3 Mas, quando tu deres esmola, não saiba a tua mão esquerda o que faz a direita;
4 para que a tua esmola fique em secreto; e teu Pai, que vê em secreto, te recompensará.

5 E, quando orardes, não sejais como os hipócritas; pois gostam de orar em
pé nas sinagogas, e às esquinas das ruas, para serem vistos pelos homens.
Em verdade vos digo que já receberam a sua recompensa.
6 Mas tu, quando orares, entra no teu quarto e, fechando a porta, ora a teu
Pai que está em secreto; e teu Pai, que vê em secreto, te recompensará.
7 E, orando, não useis de vãs repetições, como os gentios; porque pensam
que pelo seu muito falar serão ouvidos.
8 Não vos assemelheis, pois, a eles; porque vosso Pai sabe o que vos é ne-
cessário, antes de vós lho pedirdes.
9 Portanto, orai vós deste modo: Pai nosso que estás nos céus, santificado
seja o teu nome;
10 venha o teu reino, seja feita a tua vontade, assim na Terra como no céu;
11 o pão nosso de cada dia nos dá hoje;
12 e perdoa-nos as nossas dívidas, assim como nós também temos perdoado
aos nossos devedores;
13 e não nos deixes entrar em tentação; mas livra-nos do mal. (Porque teu é o
reino e o poder, e a glória, para sempre, Amém.)
14 Porque, se perdoardes aos homens as suas ofensas, também vosso Pai
celestial vos perdoará a vós;
15 se, porém, não perdoardes aos homens, tampouco vosso Pai perdoará
vossas ofensas.
16 Quando jejuardes, não vos mostreis contristrados como os hipócritas;
porque eles desfiguram os seus rostos, para que os homens vejam que estão
jejuando. Em verdade vos digo que já receberam a sua recompensa.
17 Tu, porém, quando jejuares, unge a tua cabeça, e lava o teu rosto,
18 para não mostrar aos homens que estás jejuando, mas a teu Pai, que está
em secreto; e teu Pai, que vê em secreto, te recompensará.
19 Não ajunteis para vós tesouros na Terra; onde a traça e a ferrugem os con-
somem, e onde os ladrões minam e roubam;
20 mas ajuntai para vós tesouros no céu, onde nem a traça nem a ferrugem os
consomem, e onde os ladrões não minam nem roubam.
21 Porque onde estiver o teu tesouro, aí estará também o teu coração.
22 A candeia do corpo são os olhos; de sorte que, se os teus olhos forem
bons, todo teu corpo terá luz;
23 se, porém, os teus olhos forem maus, o teu corpo será tenebroso. Se, por
tanto, a luz que em ti há são trevas, quão grandes são tais trevas!
24 Ninguém pode servir a dois senhores; porque ou há de odiar a um e amar

o outro, ou há de dedicar-se a um e desprezar o outro. Não podeis servir a Deus e às riquezas.

25 Por isso vos digo: Não estejais ansiosos quanto à vossa vida, pelo que haveis de comer, ou pelo que haveis de beber; nem, quanto ao vosso corpo, pelo que haveis de vestir. Não é a vida mais do que o alimento, e o corpo mais do que o vestuário?

26 Olhai para as aves do céu, que não semeiam, nem ceifam, nem ajuntam em celeiros; e vosso Pai celestial as alimenta. Não valeis vós muito mais do que elas?

27 Ora, qual de vós, por mais ansioso que esteja, pode acrescentar um côvado à sua estatura?

28 E pelo que haveis de vestir, por que andais ansiosos? Olhai para os lírios do campo, como crescem; não trabalham nem fiam;

29 contudo vos digo que nem mesmo Salomão em toda a sua glória se vestiu como um deles.

30 Pois, se Deus assim veste a erva do campo, que hoje existe e amanhã é lançada no forno, quanto mais a vós, homens de pouca fé?

31 Portanto, não vos inquieteis, dizendo: Que havemos de comer? ou: Que havemos de beber? ou: Com que nos havemos de vestir?

32 (Pois a todas estas coisas os gentios procuram.) Porque vosso Pai celestial sabe que precisais de tudo isso.

33 Mas buscai primeiro o seu reino e a sua justiça, e todas estas coisas vos serão acrescentadas.

34 Não vos inquieteis, pois, pelo dia de amanhã; porque o dia de amanhã cuidará de si mesmo. Basta a cada dia o seu mal.

Capítulo 7

1 Não julgueis, para que não sejais julgados.

2 Porque com o juízo com que julgais, sereis julgados; e com a medida com que medis vos medirão a vós.

3 E por que vês o argueiro no olho do teu irmão, e não reparas na trave que está no teu olho?

4 Ou como dirás a teu irmão: Deixa-me tirar o argueiro do teu olho, quando tens a trave no teu?

5 Hipócrita! tira primeiro a trave do teu olho; e então verás bem para tirar o argueiro do olho do teu irmão.

6 Não deis aos cães o que é santo, nem lanceis aos porcos as vossas pérolas, para não acontecer que as calquem aos pés e, voltando-se, vos despedacem.

7 Pedí, e dar-se-vos-á; buscai, e achareis; batei e abrir-se-vos-á.
8 Pois todo o que pede, recebe; e quem busca, acha; e ao que bate, abrir-se lhe-á.
9 Ou qual dentre vós é o homem que, se seu filho lhe pedir pão, lhe dará uma pedra?
10 Ou, se lhe pedir peixe, lhe dará uma serpente?
11 Se vós, pois, sendo maus, sabeis dar boas dádivas a vossos filhos, quanto mais vosso Pai, que está nos céus, dará boas coisas aos que lhas pedirem?
12 Portanto, tudo o que vós quereis que os homens vos façam, fazei-lho também vós a eles; porque esta é a lei e os profetas.
13 Entrai pela porta estreita; porque larga é a porta, e espaçoso o caminho que conduz à perdição, e muitos são os que entram por ela;
14 e porque estreita é a porta, e apertado o caminho que conduz à vida, e poucos são os que a encontram.
15 Guardai-vos dos falsos profetas, que vêm a vós disfarçados em ovelhas, mas interiormente são lobos devoradores.
16 Pelos seus frutos os conhecereis. Colhem-se, porventura, uvas dos espinheiros, ou figos dos abrolhos?
17 Assim, toda árvore boa produz bons frutos; porém a árvore má produz frutos maus.
18 Uma árvore boa não pode dar maus frutos; nem uma árvore má dar frutos bons.
19 Toda árvore que não produz bom fruto é cortada e lançada no fogo.
20 Portanto, pelos seus frutos os conhecereis.
21 Nem todo o que me diz: Senhor, Senhor! entrará no reino dos céus, mas aquele que faz a vontade de meu Pai, que está nos céus.
22 Muitos me dirão naquele dia: Senhor, Senhor, não profetizamos nós em teu nome? e em teu nome não expulsamos demônios? e em teu nome não fizemos muitos milagres?
23 Então lhes direi claramente: Nunca vos conheci; apartai-vos de mim, vós que praticais a iniquidade.
24 Todo aquele, pois, que ouve estas minhas palavras e as põe em prática, será comparado a um homem prudente, que edificou a casa sobre a rocha.
25 E desceu a chuva, correram as torrentes, sopraram os ventos, e bateram com ímpeto contra aquela casa; contudo não caiu, porque estava fundada sobre a rocha.
26 Mas todo aquele que ouve estas minhas palavras, e não as põe em prática,

será comparado a um homem insensato, que edificou a sua casa sobre a areia.
27 E desceu a chuva, correram as torrentes, sopraram os ventos, e bateram com ímpeto contra aquela casa, e ela caiu; e grande foi a sua queda.
28 Ao concluir Jesus este discurso, as multidões se maravilhavam da sua doutrina;
29 porque as ensinava como tendo autoridade, e não como os escribas.

Capítulo 10

1 E, chamando a si os seus doze discípulos, deu-lhes autoridade sobre os espíritos imundos, para expulsarem, e para curarem toda sorte de doenças e enfermidades.
2 Ora, os nomes dos doze apóstolos são estes: primeiro, Simão, chamado Pedro, e André, seu irmão; Tiago, filho de Zebedeu, e João, seu irmão;
3 Filipe e Bartolomeu; Tomé e Mateus, o publicano; Tiago, filho de Alfeu, e Tadeu;
4 Simão Cananeu, e Judas Iscariotes, aquele que o traiu.
5 A estes doze enviou Jesus, e ordenou-lhes, dizendo: Não ireis aos gentios, nem entrareis em cidade de samaritanos;
6 mas ide antes às ovelhas perdidas da casa de Israel;
7 e indo, pregai, dizendo: É chegado o reino dos céus.
8 Curai os enfermos, ressuscitai os mortos, limpai os leprosos, expulsai os demônios; de graça recebestes, de graça dai.
9 Não vos provereis de ouro, nem de prata, nem de cobre, em vossos cintos;
10 nem de alforje para o caminho, nem de duas túnicas, nem de alparcas, nem de bordão; porque digno é o trabalhador do seu alimento.
11 Em qualquer cidade ou aldeia em que entrardes, procurai saber quem nela é digno, e hospedai-vos aí até que vos retireis.
12 E, ao entrardes na casa, saudai-a;
13 se a casa for digna, desça sobre ela a vossa paz; mas, se não for digna, torne para vós a vossa paz.
14 E, se ninguém vos receber, nem ouvir as vossas palavras, saindo daquela casa ou daquela cidade, sacudi o pó dos vossos pés.
15 Em verdade vos digo que, no dia do juízo, haverá menos rigor para a Terra de Sodoma e Gomorra do que para aquela cidade.
16 Eis que vos envio como ovelhas ao meio de lobos; portanto, sede prudentes como as serpentes e simples como as pombas.

17 Acautelai-vos dos homens; porque eles vos entregarão aos sinédrios, e vos açoitarão nas suas sinagogas;
18 e por minha causa sereis levados à presença dos governadores e dos reis, para lhes servir de testemunho, a eles e aos gentios.
19 Mas, quando vos entregarem, não cuideis de como, ou o que haveis de falar; porque naquela hora vos será dado o que haveis de dizer.
20 Porque não sois vós que falais, mas o Espírito de vosso Pai é que fala em vós.
21 Um irmão entregará à morte a seu irmão, e um pai a seu filho; e filhos se levantarão contra os pais e os matarão.
22 E sereis odiados de todos por causa do meu nome, mas aquele que perseverar até o fim, esse será salvo.
23 Quando, porém, vos perseguirem numa cidade, fugi para outra; porque em verdade vos digo que não acabareis de percorrer as cidades de Israel antes que venha o Filho do homem.
24 Não é o discípulo mais do que o seu mestre, nem o servo mais do que o seu senhor.
25 Basta ao discípulo ser como seu mestre, e ao servo como seu senhor. Se chamaram Belzebu ao dono da casa, quanto mais aos seus domésticos?
26 Portanto, não os temais; porque nada há encoberto que não haja de ser descoberto, nem oculto que não haja de ser conhecido.
27 O que vos digo às escuras, dizei-o às claras; e o que escutais ao ouvido, dos eirados pregai-o.
28 E não temais os que matam o corpo, e não podem matar a alma; temei antes aquele que pode fazer perecer no inferno tanto a alma como o corpo.
29 Não se vendem dois passarinhos por um asse? e nenhum deles cairá em Terra sem a vontade de vosso Pai.
30 E até mesmo os cabelos da vossa cabeça estão todos contados.
31 Não temais, pois; mais valeis vós do que muitos passarinhos.
32 Portanto, todo aquele que me confessar diante dos homens, também eu o confessarei diante de meu Pai, que está nos céus.
33 Mas qualquer que me negar diante dos homens, também eu o negarei diante de meu Pai, que está nos céus.
34 Não penseis que vim trazer paz à Terra; não vim trazer paz, mas espada.
35 Porque eu vim pôr em dissensão o homem contra seu pai, a filha contra sua mãe, e a nora contra sua sogra;
36 e assim os inimigos do homem serão os da sua própria casa.

37 Quem ama o pai ou a mãe mais do que a mim não é digno de mim; e quem ama o filho ou a filha mais do que a mim não é digno de mim.
38 E quem não toma a sua cruz, e não segue após mim, não é digno de mim.
39 Quem achar a sua vida perdê-la-á, e quem perder a sua vida por amor de mim achá-la-á.
40 Quem vos recebe, a mim me recebe; e quem me recebe a mim, recebe aquele que me enviou.
41 Quem recebe um profeta na qualidade de profeta, receberá a recompensa de profeta; e quem recebe um justo na qualidade de justo, receberá a recompensa de justo.
42 E aquele que der até mesmo um copo de água fresca a um destes pequeninos, na qualidade de discípulo, em verdade vos digo que de modo algum perderá a sua recompensa.

Segundo João

Capítulo 15

1 Eu sou a videira verdadeira, e meu Pai é o viticultor.
2 Toda vara em mim que não dá fruto, ele a corta; e toda vara que dá fruto, ele a limpa, para que dê mais fruto.
3 Vós já estais limpos pela palavra que vos tenho falado.
4 Permanecei em mim, e eu permanecerei em vós; como a vara de si mesma não pode dar fruto, se não permanecer na videira, assim também vós, se não permanecerdes em mim.
5 Eu sou a videira; vós sois as varas. Quem permanece em mim e eu nele, esse dá muito fruto; porque sem mim nada podeis fazer.
6 Quem não permanece em mim é lançado fora, como a vara, e seca; tais varas são recolhidas, lançadas no fogo e queimadas.
7 Se vós permanecerdes em mim, e as minhas palavras permanecerem em vós, pedi o que quiserdes, e vos será feito.
8 Nisto é glorificado meu Pai, que deis muito fruto; e assim sereis meus discípulos.
9 Como o Pai me amou, assim também eu vos amei; permanecei no meu amor.
10 Se guardardes os meus mandamentos, permanecereis no meu amor; do mesmo modo que eu tenho guardado os mandamentos de meu Pai, e permaneço no seu amor.
11 Estas coisas vos tenho dito, para que o meu gozo permaneça em vós, e o vosso gozo seja completo.

12 O meu mandamento é este: Que vos ameis uns aos outros, assim como eu vos amei.
13 Ninguém tem maior amor do que este, de dar alguém a sua vida pelos seus amigos.
14 Vós sois meus amigos, se fizerdes o que eu vos mando.
15 Já não vos chamo servos, porque o servo não sabe o que faz o seu senhor; mas chamei-vos amigos, porque tudo quanto ouvi de meu Pai vos dei a conhecer.
16 Vós não me escolhestes a mim mas eu vos escolhi a vós, e vos designei, para que vades e deis frutos, e o vosso fruto permaneça, a fim de que tudo quanto pedirdes ao Pai em meu nome, ele vo-lo conceda.
17 Isto vos mando: que vos ameis uns aos outros.
18 Se o mundo vos odeia, sabei que, primeiro do que a vós, me odiou a mim.
19 Se fôsseis do mundo, o mundo amaria o que era seu; mas, porque não sois do mundo, antes eu vos escolhi do mundo, por isso é que o mundo vos odeia.
20 Lembrai-vos da palavra que eu vos disse: Não é o servo maior do que o seu senhor. Se a mim me perseguiram, também vos perseguirão a vós; se guardaram a minha palavra, guardarão também a vossa.
21 Mas tudo isto vos farão por causa do meu nome, porque não conhecem aquele que me enviou.
22 Se eu não viera e não lhes falara, não teriam pecado; agora, porém, não têm desculpa do seu pecado.
23 Aquele que me odeia a mim, odeia também a meu Pai.
24 Se eu entre eles não tivesse feito tais obras, quais nenhum outro fez, não teriam pecado; mas agora, não somente viram, mas também odiaram tanto a mim como a meu Pai.
25 Mas isto é para que se cumpra a palavra que está escrita na sua lei: Odiaram-me sem causa.
26 Quando vier o Ajudador, que eu vos enviarei da parte do Pai, o Espírito da verdade, que do Pai procede, esse dará testemunho de mim;
27 e também vós dareis testemunho, porque estais comigo desde o princípio.

Capítulo 16

1 Tenho-vos dito estas coisas para que não vos escandalizeis.
2 Expulsar-vos-ão das sinagogas; ainda mais, vem a hora em que qualquer que vos matar julgará prestar um serviço a Deus.

3 E isto vos farão, porque não conheceram ao Pai nem a mim.
4 Mas tenho-vos dito estas coisas, a fim de que, quando chegar aquela hora, vos lembreis de que eu vo-las tinha dito. Não vo-las disse desde o princípio, porque estava convosco.
5 Agora, porém, vou para aquele que me enviou; e nenhum de vós me pergunta: Para onde vais?
6 Antes, porque vos disse isto, o vosso coração se encheu de tristeza.
7 Todavia, digo-vos a verdade, convém-vos que eu vá; pois se eu não for, o Consolador não virá a vós; mas, se eu for, vo-lo enviarei.
8 E quando ele vier, convencerá o mundo do pecado, da justiça e do juízo:
9 do pecado, porque não crêem em mim;
10 da justiça, porque vou para meu Pai, e não me vereis mais,
11 e do juízo, porque o príncipe deste mundo já está julgado.
12 Ainda tenho muito que vos dizer; mas vós não o podeis suportar agora.
13 Quando vier, porém, aquele, o Espírito da verdade, ele vos guiará a toda a verdade; porque não falará por si mesmo, mas dirá o que tiver ouvido, e vos anunciará as coisas vindouras.
14 Ele me glorificará, porque receberá do que é meu, e vo-lo anunciará.
15 Tudo quanto o Pai tem é meu; por isso eu vos disse que ele, recebendo do que é meu, vo-lo anunciará.
16 Um pouco, e já não me vereis; e outra vez um pouco, e ver-me-eis.
17 Então alguns dos seus discípulos perguntaram uns para os outros: Que é isto que nos diz? Um pouco, e não me vereis; e outra vez um pouco, e ver-me-eis; e: Porquanto vou para o Pai?
18 Diziam pois: Que quer dizer isto: Um pouco? Não compreendemos o que ele está dizendo.
19 Percebeu Jesus que o queriam interrogar, e disse-lhes: Indagais entre vós acerca disto que disse: Um pouco, e não me vereis; e outra vez um pouco, e ver-me-eis?
20 Em verdade, em verdade, vos digo que vós chorareis e vos lamentareis, mas o mundo se alegrará; vós estareis tristes, porém a vossa tristeza se converterá em alegria.
21 A mulher, quando está para dar à luz, sente tristeza porque é chegada a sua hora; mas, depois de ter dado à luz a criança, já não se lembra da aflição, pelo gozo de haver um homem nascido ao mundo.
22 Assim também vós agora, na verdade, tendes tristeza; mas eu vos tornarei a ver, e alegrar-se-á o vosso coração, e a vossa alegria ninguém vo-la tirará.

23 Naquele dia nada me perguntareis. Em verdade, em verdade vos digo que tudo quanto pedirdes ao Pai, ele vo-lo concederá em meu nome.
24 Até agora nada pedistes em meu nome; pedi, e recebereis, para que o vosso gozo seja completo.
25 Disse-vos estas coisas por figuras; chega, porém, a hora em que vos não falarei mais por figuras, mas abertamente vos falarei acerca do Pai.
26 Naquele dia pedireis em meu nome, e não vos digo que eu rogarei por vós ao Pai;
27 pois o Pai mesmo vos ama; visto que vós me amastes e crestes que eu saí de Deus.
28 Saí do Pai, e vim ao mundo; outra vez deixo o mundo, e vou para o Pai.
29 Disseram os seus discípulos: Eis que agora falas abertamente, e não por figura alguma.
30 Agora conhecemos que sabes todas as coisas, e não necessitas de que alguém te interrogue. Por isso cremos que saíste de Deus.
31 Respondeu-lhes Jesus: Credes agora?
32 Eis que vem a hora, e já é chegada, em que vós sereis dispersos cada um para o seu lado, e me deixareis só; mas não estou só, porque o Pai está comigo.
33 Tenho-vos dito estas coisas, para que em mim tenhais paz. No mundo tereis tribulações; mas tende bom ânimo, eu venci o mundo.

2ª Parte

APRESENTAÇÃO

Com o intuito de colaborar com o registro dos 30 anos de nossa Aliança Espírita Evangélica, nosso companheiro Azamar Bragança Trindade pesquisou e compilou as ocorrências que se referem aos conceitos Iniciação e Fraternidade, entre quase 350 edições de nosso caro jornal *O Trevo*.

Este trabalho resulta hoje nesta publicação da Editora Aliança, com a finalidade de fortalecer o espírito de fraternidade entre os membros da FDJ. Mais ainda, visa ampliar a vivência dos dirigentes da Escola de Aprendizes do Evangelho em sua sagrada missão de, como membros da nossa Fraternidade, trabalharem para o ingresso dos novos membros que assim o solicitaram.

Esta coletânea preserva ainda o caráter de um legítimo registro histórico do pensamento e das ações realizadas em termos de FDJ no âmbito de nossa Aliança. Deve, portanto, o leitor, considerar que as circunstâncias e condições de trabalho se atualizam constantemente.

As iniciações espirituais do presente e do passado cuidaram com muito critério do processo de formação de suas lideranças, e isto também deve ser alvo de nossa dedicação.

O Diretor Geral da Aliança
Dezembro de 2003

1

A TAREFA MAIOR

O Trevo nº 2 (jan/74) Edgard Armond

Cada missionário crístico — messias — trouxe uma linha de conhecimentos e de iniciação espiritual. Com Jesus veio a linha mais perfeita que a humanidade da Terra poderia receber no grau evolutivo de que atingiu, o ponto mais alto a que pode chegar.

"Assim sendo não haverá mais necessidade de novas leis espirituais, bastando que os homens amem-se uns aos outros, como a si mesmo."

Essa lei, trazida por Jesus, encerrou o ciclo das revelações messiânicas para nosso mundo, restando agora somente que os homens, utilizando o livre-arbítrio e os demais atributos que já possuem na sua organização psíquica, executem o que lhes foi ensinado e exemplificado pelo Divino Mestre.

Através dessa lei e antes que soe a hora profética das apurações, para separar os bons dos maus, como o próprio Mestre revelou, é necessário que os homens procurem se aproximar das instituições que oferecem a iniciação evangélica em espírito e verdade, para que se esclareçam e se preparem espiritualmente.

Para auxiliar esse heroico esforço criaram-se, a partir de 1940, como base fundamental, entre outros organismos orientadores, as Escolas de Aprendizes do Evangelho, a Fraternidade dos Discípulos de Jesus e, ultimamente a Aliança Espírita Evangélica, que orientam, encaminham e preparam os que se dispõem a cooperar para a redenção do maior número possível de irmãos nossos, ainda carentes de compreensão e de conhecimentos espirituais verdadeiros.

A Fraternidade

O diretor-geral expôs o objetivo de um grupo de Discípulos, que solicitou à Aliança Espírita Evangélica tomar a seu cargo a dinamização das atividades da Fraternidade dos Discípulos de Jesus — que congrega todos aqueles que concluíram a Escola de Aprendizes do Evangelho. Diante disso, a Aliança aceitou a incumbência e se prepara para colocar em prática uma nova estrutura da FDJ, que será dirigida por um Coordenador indicado pelo Plano Espiritual dentre três selecionados pelo diretor-geral a partir dos nomes apontados pelos grupos integrados.

O objetivo da FDJ é o de reunir, orientar e apoiar os Discípulos, a fim de que não se percam os esforços despendidos na Escola de Aprendizes do Evangelho, e todos possam dar seu testemunho no campo das reformas sociais à luz do Evangelho de Jesus. A FDJ é o ponto de encontro de alunos de qualquer Escola de Aprendizes do Evangelho, de qualquer centro espírita do Brasil ou do exterior.

Coordenadora da FDJ

A nossa companheira Thirzah Riether, do Grupo Socorrista Maria de Nazaré, foi designada para assumir a Coordenadoria da Fraternidade dos Discípulos de Jesus, junto à direção geral da Aliança Espírita Evangélica.

À Thirzah cabe, portanto, a gigantesca tarefa de coordenar e dinamizar a FDJ nesta sua nova fase em que o Plano Espiritual Superior espera ação e testemunhos de todos aqueles que concluíram a Escola de Aprendizes do Evangelho. Em sua nova fase, a FDJ começa a dar os primeiros passos com vistas a unir os Discípulos dispersos, a fim de que seja realmente um vínculo de amor e de apoio.

Convidamos, dessa forma, todos os Discípulos a somar esforços e a dar apoio ao trabalho de união que recaiu sobre os ombros de nossa irmã Thirzah.

2

FRATERNIDADE

O Trevo nº 4 (mar-abr/74) Nice

Que multidão de pensamentos, de ideias, nos traz à mente a simples enunciação da palavra Fraternidade!

É aquela maravilhosa de conjunto, de união, de entrosamento, de fusão, de harmonia perfeita!

São os átomos vibrando, unindo-se, formando moléculas. Moléculas criando novas formas ao unirem-se em células.

É a vida se formando, em todo o seu esplendor, através da união de forças, de seres, quase imperceptíveis aos nossos olhos, mas cheios daquela força divina que os anima.

É tudo à nossa volta falando-nos de amor, de união, de criação, de movimento, de luz e de amor.

São mundos que giram no infinito, ligados pela força de atração; são os sóis que rios falam de mundos maiores que se unem em sistemas, estes em galáxias, enfim nos falam na beleza do Amor e da Fraternidade em direção ao Infinito!

Desde a ameba até os conjuntos estelares tudo nos fala na necessidade de união para conquistas cada vez mais elevadas.

É o nosso próprio corpo num exemplo de fraternidade. São células formando órgãos, as quais se unem para formar um todo em funcionamento.

Cada célula cumpre o seu dever em benefício do conjunto. À simples intromissão de um elemento perturbador todo o organismo vibra, num movimento de defesa.

E nós, que somos as células de um organismo imenso que é a coletividade humana, seguimos o exemplo que nos dá o nosso próprio corpo?

Nenhum ser humano pode ser realmente feliz enquanto houver infelicidade ao seu redor porque queiramos ou não, aceitemos ou não, somos todos realmente irmãos ligados por vibrações que nos entrosam uns aos outros como partes de um mesmo corpo e quando o conjunto não vai bem sofrem todos os participantes, embora não percebam perfeitamente a causa.

A Fraternidade é, pois, o remédio necessário e indispensável para a cura dos males que afligem a Humanidade.

Que a Fraternidade, qual bálsamo divino, possa descer sobre a Humanidade para que ela possa atingir a finalidade para a qual foi criada: ser feliz.

3

O VALOR DA INICIAÇÃO ESPIRITUAL

O Trevo nº 14 (abril/75) Edgard Armond

O Espiritismo é doutrina que alterou o conhecimento religioso no Ocidente porque, efetivamente, esclarece as almas, abre caminhos novos, limpos e claros, na desordem e na desorientação; cuida da evolução dos adeptos sem ritos e exterioridades inúteis.

Alterou a cultura religiosa, influindo, assim, na formação social. Influiu até mesmo na existência das seitas paralelas e de inferior significação como, por exemplo, a Umbanda, algumas de cujas alas já se vão desviando para práticas mais perfeitas, compreendendo melhor o mediunismo, criando cursos de desenvolvimento, adotando conceitos mais verdadeiros como, por exemplo, a do Carma, que grandemente influi no comportamento individual.

E essa movimentação esclarecedora do povo em geral se deve em grande parte à criação de cursos e escolas de desenvolvimento mediúnico e de evangelização.

Olhando a sociedade humana como se apresenta hoje, podemos ver, de um lado, o materialismo frio e incréu, que nega a existência do próprio Criador, atribuindo à vida e tudo o que lhe concerne, a meras circunstâncias ocasionais, ou à mágica evolução da própria matéria; de outro lado, religiões dogmáticas superadas e decadentes, e seitas e cultos primitivos sem finalidades e consequências construtivas em esferas mais elevadas.

Por todos os lados, aridez, prevalência de individualismo egoísta e desdobramento de paixões e de impulsos humanos menos dignos.

O Espiritismo veio como doutrina libertadora do pensamento até determinado ponto, mas com a finalidade altíssima de reavivar nas almas os princípios morais que dignificaram o cristianismo primitivo; seus adeptos, por conseguinte, devem ser mais amadurecidos nos conhecimentos, nos sentimentos e possuidores de um ideal mais puro e elevado na vivência entre seus semelhantes.

Estas são as qualidades que distinguem os adeptos verdadeiros dos curiosos e comodistas que somente se aprazem com ritos e superficialidades e que fogem ante responsabilidade e esforços de melhoria interior, que esses conhecimentos exigem dos adeptos.

Entre esses conhecimentos e realizações, as mais altas expressões são as do campo da evangelização pela reforma íntima, na forma estabelecida pela Escola de Aprendizes do Evangelho, que opera nas almas as transformações morais indispensáveis à vivência e à exemplificação cristãs. Os Aprendizes sendo mais que simples adeptos, mas verdadeiros Discípulos e porta-vozes do Divino Mestre na Terra.

Mas essa grandeza não lhe é dada de graça, pois que exige luta árdua e demorada de autoaperfeiçoamento e purificação, luta constante dia por dia, hora por hora, eliminando defeitos, destruindo vícios, certos de que não há, realmente, outro caminho mais curto que leve ao Reino de Deus, senão este.

Os que seguem e perseveram até o fim, submetendo-se às servidões que a Escola de Aprendizes do Evangelho estabelece, serão vencedores de si mesmos como milhares de outros que já o fizeram antes e que se devotam, como discípulos na vida comum, às atividades construtivas e beneméritas de ajuda aos semelhantes na imensa seara de Jesus.

Estes constroem para si mesmos, desde já, o Reino de Deus na Terra.

4

FRATERNIDADE, IRMÃOS, FRATERNIDADE!

O Trevo nº 21 (nov/75) Jacques André Conchon

"... Agora, a sinfonia sideral, entoa hinos de imortalidade. E um coro canta em ritmo triunfal: FRATERNIDADE, IRMÃOS, FRATERNIDADE!"

Jésus Gonçalves

Da Estaca Zero!

Quando o elevador chegou, os pensamentos turbilhonavam em nossa mente, prestes a entrar em ebulição. Era chegado um daqueles momentos em que concluíamos estar tudo errado e a solução mais própria seria recomeçar tudo da estaca zero!

Há apenas 10 minutos tudo estava muito tranquilo dentro de uma rotina ameaçada de monotonia: foi quando o amigo espiritual dirigiu-nos a palavra.

A Grande Mensagem

"— Meu amigo, muita paz em seu coração..." — após um breve silêncio prosseguiu com firmeza. — "Vocês têm realizado muitas obras, não é verdade?"

Sem entender o que estava se passando, respondemos reticentes:

"— É... Temos feito o possível..."

"— Sim, obras para a criança, para doentes, para favelados... Muito bem!" — Um novo silêncio seguiu-se às palavras do amigo espiritual.

"— Fique sabendo, meu amigo, que não obstante a essa demonstração de esforço, essas obras nem sempre merecem ser contabilizadas do lado de cá..."

"— Não entendi". Interrompemos, até que um pouco agressivamente, destoando do clima de respeito que reinava no ambiente.

"— É fácil e uma análise honesta o levará a conclusões acertadas; vejamos o seguinte... — Fez uma outra pausa e prosseguiu. — Considere, prezado amigo, que se vocês hoje trabalham é porque, de uma forma indireta, a Doutrina Espírita os obriga a tal, não é mesmo?"

Diante da indagação confessamos nossa surpresa e pedimos ao generoso Irmão Espiritual que prosseguisse.

"— É isto mesmo; até certo ponto trabalham por obrigação e, conquanto seja louvável a reforma dos atos, o que se pretende aqui é, na realidade, a reforma dos sentimentos."

"— Mas será que não poderemos começar dessa forma?"

"— Não, meu amigo — interrompeu-nos — qualquer tentativa de se inverter a ordem natural das coisas será desastrosa: primeiro a renovação dos sentimentos e, como consequência, a renovação dos atos."

"— Então, qual será a solução para tão grave problema? — perguntamos curiosos."

"— Não interferimos no setor executivo que compete a vocês exclusivamente. Boa tarde meu amigo e muita paz."

Uma Verdade Inconteste

Após esse evento o amigo leitor poderá compreender as inúmeras horas que dispendemos em profunda meditação. Realmente o amor escasseia entre os nossos confrades. Muitos constroem obras admiráveis e, quando solicitados ao trabalho desprezam os assistidos encarando-os como peças de um jogo, ou até mesmo maltratando-os. Dentro das reflexões veio-nos à mente um grande lar de crianças que visitamos no crepúsculo da década de 1960, onde os dirigentes eram autênticos feitores.

Não precisávamos ir mais longe para concluirmos que o trabalho mecânico prolifera dentro das obras espíritas. Anotávamos nossas considerações quando recebemos um telefonema:

"— Olha, aquela entidade que se manifestou na quinta-feira passada, para reforçar o que havia dito mandou o seguinte recado:

Paradoxalmente, há certas obras nas quais os trabalhadores procuram dar amor para os semelhantes conquanto não saibam amar entre si!"

Uma Condição Inerente

Não saber amar é uma condição inerente ao nosso estado evolutivo, seres que somos recém-saídos da animalidade. Contudo, se estamos dispostos a promover a reforma interior, torna-se imprescindível começarmos pela renovação dos sentimentos para que possamos, nas obras que construirmos, dignificá-la com um atendimento verdadeiramente cristão.

E Qual a Finalidade da Aliança?

Em nossas preocupações, fomos conversar com o nosso Comandante Armond que, após o relato inicial respondeu:

"— Mas essa tendência era de se esperar, levando-se em conta que todos nós emergimos há pouco do primitivismo e hoje nos empenhamos no sentido de nos vencermos, a fim de alcançarmos a perfeição. Respondendo à sua pergunta — prosseguiu o Comandante — *"Pondere o seguinte: qual a finalidade da Aliança? Não é a Evangelização? E a base desta não é o amai-vos uns aos outros?"*

Realmente, amigo leitor, a Aliança Espírita Evangélica tem por objetivo precípuo uma verdadeira aliança, um movimento de confraternização de grande amplitude com efeitos extraordinários, pois, amando-nos como irmãos, de forma incondicional e irrestrita, estaremos aptos a amar os nossos semelhantes. Por outro lado, não nos esqueçamos, seremos beneficiados por essa grande fraternidade no que se refere à nossa sustentação espiritual.

Meta Para 1976

Assim, prezado amigo, explicamos que para o ano de 1976 a meta será a FRATERNIZAÇÃO, sendo que para a colimação de tal objetivo serão postas em prática todas as sugestões colhidas nas reuniões levadas a efeito individualmente com os dirigentes dos Grupos Integrados e que tiveram início em outubro e serão concluídas até o fim do presente mês.

Estamos no final de 1975, prestes a um grande passo que nos permitirá o ingresso na vivência fraternal. CONFRATERNIZAR PARA MELHOR SERVIR será o nosso lema e, atentos que estamos, ouvimos a sinfonia sideral de Jésus Gonçalves, entoando seus hinos de Imortalidade, e o coro em ritmo triunfal cantando: FRATERNIDADE, IRMÃOS, FRATERNIDADE!

5

CONFRATERNIZAR PARA MELHOR SERVIR

O Trevo nº 22 (dez/75)

"Um condensado das sugestões que os Grupos Integrados apresentaram para a consecução do ideal de fraternização."

Em sequência à matéria abordada no último número d*O Trevo* apresentamos as principais sugestões colhidas nas reuniões que a Diretoria da Aliança manteve, durante os meses de outubro e novembro, com a Direção dos Grupos Integrados. A princípio as proposições foram grupadas da seguinte forma:

Primeiro Grupo — referente às sugestões que visam a confraternização dentro do Grupo Integrado.

Segundo Grupo — abrangendo as ideias apresentadas para a aproximação fraterna no âmbito geral, envolvendo todos os Grupos Integrados.

Salientamos que as proposições serão levadas a plenário no dia 14 próximo, em São Vicente, para que sejam apreciadas e devidamente regulamentadas.

Primeiro Grupo de Sugestões

Confraternização dentro do Grupo Integrado:

1) Instalação de amplo movimento de conscientização entre os alunos e trabalhadores do GI; trabalho a ser confiado aos dirigentes e expositores.

2) Reunião dos alunos em torno de um cafezinho após as aulas, pois tem-se observado que uma vez concluída a aula ou a sessão de vibrações, os trabalhadores e alunos ficam entretidos numa longa conversa na porta do Centro que, sem problema algum, poderia ser transferida para um local mais apropriado e com acompanhamento de chá ou café e alguns biscoitos;

3) Cada aluno receberia da direção da escola uma relação nominal dos seus colegas de turma, com endereços, telefones e data de aniversário.

4) Periodicamente os temas seriam desenvolvidos e apresentados em grupo, e a secretaria seria incumbida de esquematizar um revezamento; assim, por exemplo, a cada dois meses, um tema seria proposto a grupos de quatro alunos e a secretaria divulgaria os grupos formados para aquele tema.

5) Em decorrência do elevado poder aglutinador oferecido pelas Caravanas de Evangelização e Auxílio, propôs-se que fossem as mesmas implantadas na 2ª Aula de Revisão.

6) Mensalmente haveria no Centro uma reunião com atividades próprias à confraternização (estudos em grupo, atividades artísticas, trabalhos em grupo, etc.) congregando todos os alunos e trabalhadores da Casa.

7) Implantar, em ocasião propícia, os Grupos Samaritanos entre os alunos.

8) Divisão das turmas da Escola de Aprendizes em grupos, cada um dos quais sob a liderança de aluno identificado com os ideais da escola; os líderes usariam em todas as aulas crachás para a necessária identificação. A divisão em grupos facilitaria grandemente o contato dirigente/aluno e, além disso, proporcionaria um controle efetivo da frequência no sentido de recuperar os faltosos através de contatos diretos efetuados pelos respectivos líderes.

9) Formação, em cada Grupo Integrado, de um fundo de auxílio mútuo a fim de auxiliar alunos e trabalhadores necessitados no sentido da aquisição de livros, pagamento de condução, etc.

10) Em todas as aulas os alunos seriam convidados a um rodízio de lugares, evitando assim que assistam da primeira à última aula num mesmo lugar. Essa medida facilitaria o indispensável entrosamento.

Segundo Grupo de Sugestões

Confraternização Geral:

11) Encontro trimestral entre os Grupos Integrados (de caráter estadual) com planejamento cuidadoso visando confraternizar através de atividades construtivas como as já citadas anteriormente.

12) Os Grupos Integrados deverão se visitar e para tal haverá a formulação espontânea de convites.

13) Cada Grupo Integrado deverá fornecer aos demais uma relação completa (nome, endereço, etc.) dos seus alunos que desejam manter correspondência.

14) Estimular ao máximo o emprego das "Cartas Sonoras" entre os alunos de grupos distantes e, principalmente, entre dirigentes.

15) Um encontro anual de caráter interestadual, no mês de dezembro.

16) Providenciar a impressão dos distintivos da lapela, a título exclusivo de facilitar a identificação para Servidores e Aprendizes; o trevo de Aprendiz seria distribuído por ocasião da 20ª aula.

17) Elaboração de um guia no qual constarão nomes e endereços dos Grupos Integrados com respectivos horários de funcionamento, assim como nomes e endereços dos dirigentes.

18) Formação de um fundo de auxílio mútuo da Aliança a fim de atender às necessidades dos Grupos Integrados tais como: pequenas reformas, aquisição de material escolar, etc..

19) Maior participação dos Grupos Integrados na elaboração do periódico *O Trevo* através de artigos e reportagens.

20) Uso de crachás em todas as atividades conjuntas indicando, além do nome da pessoa, o Grupo Integrado do qual ele faz parte.

6

PRINCIPAL OBJETIVO

O Trevo nº 29 (jul76) Edgard Armond

As religiões dogmáticas oriundas do cristianismo primitivo não tiveram como norma a evangelização dos adeptos, com a reforma moral e a vivência, como base e objetivo principal, mas sim atrair para suas fileiras a maior parte da população, sobretudo letrados e políticos, para manter e prestigiar a comunidade e garantir relações estreitas com os governos dominantes.

Oficialmente, o maior ou menor aproveitamento dos adeptos, no conhecimento e na prática religiosa, dependia do cumprimento das exigências do culto exterior, ficando a conduta pessoal a critério do crente e das tendências de cada um.

No Espiritismo clássico, exceção feita do conhecimento teórico e do exercício da caridade, os resultados ficam muito aquém do que poderiam, se se levasse em conta e se exigisse, de forma sistemática, a reforma íntima, condição indispensável para o êxito do aprendizado evangélico, devendo ser a reforma implícita na aceitação da Doutrina e na sua prática.

No sistema referido, a reforma ocorria eventualmente em casos isolados, sem o condicionamento de sacrifícios e renúncias, a maioria dos adeptos se satisfazendo com efeitos restritos a leitura de livros, palestras, frequência a casas espíritas, assistência a fenômenos de efeitos físicos, em cujos atos, se a parte intelectual se alimentava, via de regra a espiritual quase sempre estacionava na rotina e no autoconvencimento.

A iniciação com base na reforma íntima, cujo padrão foi estabelecido nas Escolas de Aprendizes do Evangelho, foi o meio julgado mais acertado para se promover, de forma positiva e não suposta, a evangelização, a espiritualização dos adeptos, naturalmente que com resultados variáveis, segundo as pessoas que a isso se propunham, mas, em termos médios, os resultados atingiram fundamente o alvo visado em condições as mais alentadoras.

Passados 26 anos de execução, a apreciação dos resultados assegura pleno êxito ao processo, e sua melhor documentação é o número considerável de Discípulos de Jesus que na vida social testemunham os ensinamentos com atos concretos e obras respeitáveis, no campo, sobretudo da caridade espiritual, em bem dos semelhantes.

É fácil compreender que os melhores resultados do aprendizado são apresentados por aqueles Aprendizes mais amadurecidos e idealistas que, realmente desejaram a espiritualização em grau que lhes assegure a vivência prática e as servidões que levem à redenção espiritual; mas, em linhas gerais, o aprendizado levou à formação de espíritas de alta conceituação doutrinária, fundamente integrados no cumprimento dos ensinamentos do Divino Mestre e na testemunhação de Sua maravilhosa doutrina de amor universal.

7

O VOSSO FALAR

O Trevo nº 30 (ago/76) Simão

Seja o vosso falar sim, sim, não, não.

Julgais um sim ou não demasiado sucinto? Pensais que o Mestre foi excessivo defensor da concisão, ao recomendar que disséssemos apenas sim e não? Credes que não era bem esse o pensamento de Jesus?

Pois foi o que Ele quis dizer, e ao mesmo tempo não foi.

Não foi, porque nunca Ele mediu e contou palavras, quando se tratava de verberar a hipocrisia e o mal.

E foi, porque Ele era modelo de sobriedade e não empregava duas palavras onde uma bastasse.

Todo o Evangelho é um sim e um não; é o sim dito pelo céu à Terra, que deseja ser céu; proferido pelo bem aos que queiram ser bons; pronunciado pela claridade aos que se querem iluminar; exclamado pelos libertos aos que desejam a redenção; enunciado pelo Pai aos filhos que querem retornar à Casa.

E todo Evangelho é um não à maldade, à ignorância, à impenitência; é um não ao egoísmo, ao ódio, ao escândalo.

Sim, sim, não, não, tal o falar do Mestre.

Não se faça a minha vontade, mas sim a tua. Assim disse Jesus não a si mesmo, e sim a Deus.

Permita o Criador também nós digamos sempre sim ao bem, ainda que nos custe, e não ao mal, que também este não é às vezes sacrifício.

8

PASSAGEM PARA A FDJ NA ARGENTINA

O Trevo nº 30 (ago/76)

O Trevo de agosto de 1976 trouxe reportagem de duas páginas apresentando a passagem para a Fraternidade dos Discípulos de Jesus de onze alunos das Escolas de Aprendizes do Evangelho da Argentina, ocorrida no dia 11 de julho daquele ano. O comandante Edgard Armond enviou mensagem aos ingressantes, parcialmente reproduzida a seguir.

Caros companheiros Aprendizes: Enviamos através do irmão Jacques esta ligeira saudação.

Em um mundo como este, numa época como esta, de desorientação, violência e materialidade que se manifestam por toda parte, o passo mais acertado que se pode dar é prosternarmo-nos todos aos pés do nosso Criador Eterno, reconhecendo nosso desvalimento, e rogar proteção e forças para prosseguir, vencendo as dificuldades inumeráveis que nos defrontam.

(...)

E, para caminhar nesse rumo, a evangelização é a providência divina a nos socorrer, mormente agora, à hora de maior necessidade.

E para essa evangelização é que foi criada, em 1950, nesta província brasileira que tem o nome do Apóstolo dos Gentios, a Escola de Aprendizes do Evangelho, um de cujos reflexos brilha aqui nesta cidade argentina.

Não é necessário repetir que esta Escola oferece a orientação que faltava, a segurança que faltava, o ideal vencedor e a fé positiva que faltavam; que ajuda a caminhar no caminho acertado e realizar na vida prática os ensinamentos salvadores deixados por aquela Entidade maravilhosa, a cujos cuidados e devotamentos foi entregue por Deus a humanidade retardada da qual fazemos parte.

Aos Aprendizes desta Escola aqui deixamos nossos sinceros votos para que, neste dia feliz, possam ter atingido as condições de reforma íntima, passaporte que lhes dará ingresso na Fraternidade dos Discípulos de Jesus, que é o remate do serviço enobrecedor e, ao mesmo tempo, o campo amplo e promissor das realizações espirituais objetivas e benévolas que caracterizam as atividades dos verdadeiros discípulos do Divino Mestre.

E assim seja.

São Paulo, julho de 1976.

9

A REUNIÃO DA FDJ

O Trevo nº 66 (ago/79) Azamar B. Trindade

Dia 15 de julho último (1979), realizou-se mais uma reunião de confraternização dos componentes da FDJ – Fraternidade dos Discípulos de Jesus, Discípulos estes formados pelas Escolas de Aprendizes do Evangelho. O local foi o Auditório da FMU – Faculdades Metropolitanas Unidas, situado na Rua Iguatemi, 306, com início às 9h, prolongando-se até 16h30 e contou com a presença de 200 Discípulos.

Como poderemos adjetivar esta reunião? Descontraída, proveitosa, alegre, amena, fraterna, construtiva, harmoniosa? Achamos que se dissermos tudo isso ainda é pouco, pois, na verdade, ela foi tudo isso, ou melhor, ela teve todas essas características e algo mais que, confessamos, não sabemos traduzir em palavras.

Vale ressaltar o toque especial emprestado pela mensagem que recebemos, por escrito, do Comandante Edgard Armond. Este nosso querido companheiro, devido ao seu estado de saúde, não pôde comparecer pessoalmente à reunião, mas mandou-nos sua mensagem sobre a qual muito teremos de meditar. Esta mensagem tocou muito de perto cada um de nós, não só pela afabilidade com que está concebida, como também porque por intermédio dela ficamos sabendo, entre outras coisas, que na Casa de Bezerra de Menezes, no Plano Espiritual, existem "livros", "relógios de ponto", "fichas", etc., nos quais ficam registrados todos os nossos trabalhos e todos nossos atrasos na Seara de Jesus, portanto, são muito bem controladas nossas mazelas...

Nossa reunião foi muito abrilhantada com a presença de nossos irmãos Carlos Jordão da Silva, Rino Curti e João Batista Laurito, da Federação Espírita do Estado de São Paulo, irmãos estes que há muito não víamos e que nesta reunião nos foi dada a oportunidade de abraçá-los.

Os irmãos em apreço fizeram uso da palavra, ocasião em que, espontaneamente abriram seus corações e encantaram a todos os presentes.

Entre os demais presentes, tantos quanto quiseram, dissertaram sobre o tema *"Como Sinto o Mestre"*. Com muita espontaneidade, com muita emoção, com muito calor humano, com muita sinceridade, com plena liberdade, muitos colegas expuseram como sentem Jesus, o Cristo.

Tal foi a espontaneidade e descontração, que houve até quem afirmou não sentir ainda o Mestre Jesus, apesar de já ser Discípulo. Valeu a sinceridade.

Após tanta coisa boa ainda ouviu-se testemunhos de alguns Discípulos presentes a respeito de suas vivências cristãs, ocasião em que nosso confrade Jacques esclareceu que, para ele, testemunho é ação e não palavras. Afirmou, também, que a percepção da Boa Nova trazida por Jesus é alcançada pela vivência e não somente pelo estudo, pois o espírito contido no Evangelho de Jesus é percebido mais facilmente pelos irmãos de escassa instrução, enquanto é vedada a sua percepção, muitas vezes, aos de muita cultura. Contou-nos, ainda, confrade Jacques, que ele percebeu realmente a profundeza do Evangelho de Jesus Cristo na ocasião em que depuseram em seus braços uma estranha e tenra criancinha, profundamente carente, e ele sentiu que, no momento, só a ele cabia enfrentar o problema, pois os pais da criança, cheios de filhos, estavam absolutamente impossibilitados de arcar com o encargo. No entanto, nessa mesma ocasião, outros companheiros de trabalho, menos intelectualizados, já haviam percebido a amplitude e o sentido de todo o drama, compartilhavam cristãmente e já se dispunham a receber a criança carente.

Todas essas oportunidades de elevado deleite espiritual, foram entrecortadas com números de arte a cargo do Coral da Aliança Espírita Evangélica, interpretações ao piano, além de números de canto.

Para arrematar, fomos deliciados com a elevada e descontraída palestra do nosso confrade Roque Jacinto sobre o tema *"Vivência Evangélica nos Tempos Atuais"*. Com toda sua simpatia este nosso amigo, entre tiradas bem humoradas e de profundo significado, nos ensinou e nos provou que nos tempos atuais é muito mais fácil ser cristão, mas que nós não sabemos ou não queremos bem aproveitar as felizes oportunidades de vivências cristãs que o mundo atual nos proporciona, mormente nós, espíritas. Também por Roque Jacinto muito devemos meditar e ficamos esperando por novas oportunidades iguais a estas.

10

EMOÇÃO E TESTEMUNHO NA FDJ

O Trevo nº 77 (jul/80)

Três testemunhos pessoais: ante a doença grave, ante a responsabilidade de uma nova tarefa e diante de uma frente de trabalho no meio rural, além do testemunho coletivo da confraternização entre os trezentos companheiros que se reencontraram — eis o resultado altamente positivo do "Momento de Fraternidade" da FDJ – Fraternidade dos Discípulos de Jesus no dia 22 de junho, no auditório da Fundação Getúlio Vargas, em São Paulo.

O entusiasmo e a emoção dos Discípulos, muitos deles se revendo após vários anos de separação, comprovam a validade do encontro e motivam para realização de novas reuniões semelhantes da FDJ. Os comentários que se ouviam à saída eram dos mais positivos; percebia-se que a semente da fraternização está lançada em campo propício, cabendo a todos nós, Discípulos, conduzi-la à germinação e à frutificação abundante.

A FDJ soa o seu toque de reunir. A mensagem do Comandante Edgard Armond, impossibilitado de comparecer por motivo de doença, é um documento dos mais sérios sobre a responsabilidade de cada Discípulo. Ela vai publicada na íntegra, nesta edição, para que todos possamos meditar. É hora de somar, de reunir. É preciso transformar o "momento" de fraternidade num tempo permanente de união, entendimento e trabalho de todos os membros dispersos da FDJ.

Ante a Doença

A companheira Daise Peschke foi a primeira a ser chamada pelo dirigente da reunião, o confrade Vitório Pace, para dar o seu testemunho perante os Discípulos. Já avó, Daise, em consequência da doença, apresenta-se de ventre avolumado. "Muita gente pergunta se vou dar à luz. É verdade, vou dar à luz, mas vou dar à luz a mim mesma" — começa Daise o seu relato.

Explica que por vários meses os médicos não descobriram a causa de seu mal, sempre ligado a problemas do sistema digestivo. Fez, inclusive, a conselho médico, um estágio em Pocinhos do Rio Verde — lugar das águas medicinais. E lá, ao invés de um mês, ficou seis meses. "Parece até que eu estava já sendo treinada para me distanciar da família."

Quando retornou, novos exames foram feitos. E finalmente, o diagnóstico: metástase no fígado já alastrando-se pelo intestino e ovários. O médico relutou muito em dizer a realidade dos exames, mas acabou admitindo que ela tinha alguns meses de vida apenas. "Naquele momento — diz Daise — tomei uma decisão importante, e disse para o médico: saiba, doutor, eu vou viver o tempo que Deus achar que eu devo aqui permanecer, e não o tempo que o senhor está achando que eu vou viver."

E a partir deste momento, após consolar filha e marido, ela passou a encarar a doença como uma oportunidade que o Pai lhe concedia de testemunhar perante a dor. Nunca deixou de buscar lenitivo na medicina, especialmente na homeopatia, porém nunca deixou abater-se. Continuou praticamente todas as suas atividades no lar e recebendo o carinho da assistência espiritual dos companheiros do Centro Espírita em que trabalha — o Grupo Socorrista Maria de Nazaré.

"Desde o momento em que eu soube a verdade, não tive mais angústia. Deus está comigo, Jesus está comigo. Eu estou me sentindo maravilhosa. Não temam nada, não temam as dificuldades. Tenham fé, a fé do tamanho de um grão de mostarda" — foi a sua mensagem a todos.

Faz um ano e meio que o médico lhe dera a notícia de "alguns meses de vida". Ela continua sua vida, hoje com o câncer atingindo também o baço. "Eu sei que um dia vou desencarnar, no dia em que o Pai quiser. Contudo, vou vivendo intensamente: o meu dia é hoje e agora; o amanhã pertence a Deus."

Diante de Um Trabalho Novo

Falou a seguir o companheiro José Silva. “Minha história é bem longa. Em 1941 tive a sagrada oportunidade de entrar na Federação em companhia de Vinícius. Na época, era a Casa dos Espíritas. Vinícius dava aula na União Federativa Paulista e num domingo encontramos as portas da União fechada, e alguém sugeriu que fôssemos à Federação. A direção da casa, no domingo seguinte, autorizou Vinícius a dar aula na Federação, e, a cada domingo, aumentava a frequência às suas aulas. Por lá passaram Jordão, Dr. Luiz Monteiro de Barros, Batista Ramos, Eurípedes de Castro.

“Em 1950 começou a Escola de Aprendizes do Evangelho e lá estamos nós na primeira turma, sob direção de nosso querido Comandante Armond. Sempre encontrei dificuldade de me expressar, pois não tive nem o primeiro ano primário completo. Contudo, convites nunca me faltaram para que aprimorasse meus conhecimentos intelectuais, especialmente o português, e eu nunca aceitei. Fiz o curso de médiuns sob direção do comandante, sempre fui trabalhar sob direção dos outros. Nunca quis dirigir trabalho nenhum.

“Há um ano e pouco mudei-me para Piracicaba. Lá eu quis trabalhar sob direção dos outros, mas não encontrei lugar onde me afinizasse, tão acostumado estava na Federação e, mais tarde, com os trabalhos da Aliança. Vim a São Paulo e falei com o comandante e ele me aconselhou a fundar um novo centro espírita na cidade. Voltei, reuni um pequeno grupo de companheiros e todos concordaram com a . E todos me colocaram como presidente do novo centro. Vejam que coisa, eu que nunca quis assumir direção de nada, estava agora colocado na direção de um centro espírita! Pusemos mãos à obra, os companheiros de São Paulo nos dão apoio permanente e lá estamos desenvolvendo nossas atividades.

José Silva conclui com uma mensagem: “nunca recusem aprimorar conhecimentos, pois um dia a gente vai precisar de todo o nosso cabedal para desenvolver novas funções para as quais somos chamados. E temos sempre de estar preparados.”

Na Zona Rural

José Coutinho falou a seguir. Emocionado, relatou a alegria daquele reencontro. "Estamos no Vale do Ribeira, em Jacupiranga, no km 468 da Rodovia São Paulo-Paraná, a 208 km de São Paulo. Estamos desenvolvendo um trabalho-piloto, de assistência no meio rural. Nós, da FDJ, não acreditamos em fome no mundo, o que falta no mundo é trabalhador. Jesus espera trabalhadores em favor do próximo. Estamos proporcionando condição humana e fraterna ao homem do campo, para que ele se sinta humano. O que se vê hoje na zona rural é o patrão explorando o empregado, e, em consequência, o empregado dando pouco trabalho ao patrão."

"Lá na Seara o homem do campo não tem patrão, cada um desenvolve uma tarefa; todos somos trabalhadores. Existem lá trabalhando até alcoólatras reabilitados e reajustados com suas famílias, morando em casa confortável. Estão testemunhando através do trabalho."

Coutinho conta como começou a Seara, um trabalho da Federação Espírita do Estado de São Paulo. Conta que tudo começou na rua Santo Amaro, quando ali funcionava o Departamento de Assistência Social da Federação. "Atendíamos umas 60 pessoas diariamente, trabalhando ao lado do Silva — um português de coração enorme. Quase todos os atendidos procediam da zona rural, gente simples do campo que vinha iludida para São Paulo e depois não tinha onde ficar e como viver. Um dia, quando a gente tomava a sopa da d. Jovina, que sobrava da assistência aos necessitados, nos veio a de adquirir uma gleba e começar a cooperar para estancar o êxodo rural e a formação de marginais na cidade grande. Falamos com o nosso comandante Armond, ele ouviu o plano e nos remeteu ao Gonçalves. Fomos autorizados a levar a avante."

Nesse momento, Coutinho relata o trabalho de um grupo de companheiros que todas as tardes postava-se nas filas de ônibus do centro da cidade pedindo tostões e distribuindo mensagens. E ajuntaram 10 mil cruzeiros. Começaram a procurar uma gleba, enquanto a campanha de arrecadação prosseguia. Depois de muito pesquisar, fixaram-se na gleba de Jacupiranga, com 75 alqueires. Custou 35 mil cruzeiros. "Hoje lá temos 7 famílias, lavoura, gado. Temos o pavilhão evangélico, onde durante a semana funciona a escola oficial, e às sextas-feiras e aos domingos fazemos palestras doutrinárias frequentadas por lavradores vindos de vários sítios das redondezas."

Coutinho terminou convidando todos a visitar a obra no Vale do Ribeira, lembrando que a mensagem do comandante Armond é um alerta para a união de todos em torno do trabalho e da fraternidade.

11

ATIVIDADES DA FDJ

O Trevo nº 80 (out/80)

Quase 100 Discípulos que estavam dispersos já foram cadastrados pela coordenadoria da FDJ, graças ao trabalho de confrades que enviaram seus nomes e endereços. Dessa forma, esses Discípulos passam agora a receber todo material informativo da FDJ tendo oportunidade de melhor participar do movimento de confraternização que vem sendo estimulado pela Fraternidade.

Com respeito ao questionário que foi entregue aos Discípulos para opinar sobre a reunião de junho ("Momento de Fraternidade"), as respostas recebidas dizem da validade do encontro e são favoráveis à sua repetição anualmente, em junho. Quanto ao local em que tal encontro deve acontecer, divergem as opiniões; uns acham que deve ser feito em São José dos Campos, na Clínica de Repouso Francisca Júlia; outros, na Federação Espírita do Estado de São Paulo; em um clube de campo ou a cada ano na sede de um grupo integrado.

12

NA FDJ, PRESENÇA DE CELINA

O Trevo nº 83 (jan/81)

Ponto alto do encerramento da Reunião Nacional foi, sem dúvida, a sessão privativa, às 8h30min, com os novos Discípulos que ingressavam na Fraternidade dos Discípulos de Jesus, num total de 176 companheiros de 15 grupos integrados do país e do exterior.

Jacques Conchon, diretor-geral da Aliança, fez uma breve exposição das características dos Discípulos (*"o Discípulo não é conduzido, conduz"*) e Wilson Cavalcanti, dirigente da FDJ, saudou os novos companheiros.

Tendo como médium a companheira Martha Tomaz, a mensagem espiritual aos novos Discípulos foi transmitida por Celina, espírito de alta hierarquia ligado à Maria de Nazaré, mãe de Jesus. Como essa mensagem será publicada na íntegra no *Boletim do Discípulo*, nesta edição de *O Trevo*, vamos divulgar apenas alguns trechos:

"Ciência é alguma coisa de comum, consciência é coisa rara. Conseguir erudição é fácil, conseguir bondade já não é tanto. Conseguir a escolaridade, a intelectualização através desta escolaridade, é um esforço comum, mas, conseguir a libertação do eu, a libertação do Espírito imortal é preciso que tenhamos consciência das próprias responsabilidades, e esta conscientização é que nós estamos adquirindo através daqueles que nos deram os exemplos pioneiros".

Mais adiante, a entidade espiritual referiu-se à criação de Escolas de Aprendizes do Evangelho, dizendo ser Edgard Armond o primeiro encarnado em quem os Espíritos superiores encontraram apoio para implantação desse programa. *"Privilégio? Não. Foi-lhe concedida a graça do trabalho, a graça da reforma interior, a graça da lembrança de experiências passadas, para que, no presente pudesse ser um exemplo vivo do esforço de vontade cristã."*

O Programa de 1981

Para 1981, a FDJ continuará com reuniões regionais, de confraternização entre Discípulos de uma mesma região, mas também dará cumprimento a um programa de estudo em grupo, sobre os seguintes assuntos:

1) Como se define o Discípulo de Jesus;

2) Conceituação do Discípulo de Jesus;

3) Reforma íntima no campo exterior; e

4) Definição de centro espírita.

Essas reuniões de estudo obedecerão ao seguinte programa:

14 de março — das 15h às 20h30min — Em São José dos Campos.

9 de maio — no mesmo horário — Em São Vicente.

15 de agosto — mesmo horário — Em Santo André.

24 de outubro — Em Porto Alegre, reunindo companheiros da Argentina e Uruguai.

14 de novembro — Em Casa Branca.

No dia 14 de julho haverá a reunião geral da FDJ, em São Paulo, para ingresso de nova turma de Discípulos.

Para desenvolvimento do programa da FDJ, o companheiro Wilson Cavalcanti será assessorado pelos seguintes Discípulos: Arnaldo e Julia Pardal, no Vale do Paraíba; Eugênio Lopes Correa, no Litoral Sul; Roberto Quirino, no ABC; Cleomar B. de Oliveira, na Capital; José Silva, no Interior; Lisane Prado Carvalho, em outros Estados e Exterior.

13

FDJ – IMPLANTAÇÃO DO SETOR III

O Trevo nº 84 (fev/81)

Comunicado

Consultados por alguns companheiros acerca de uma carta-circular comunicando a implantação do *"Setor III da FDJ"*, temos a esclarecer o seguinte:

1) Pelo que entendemos lendo a referida carta-circular, um grupo de companheiros decidiu trabalhar em faixa própria para desenvolver programas de aprimoramento no campo da reforma íntima — programas esses que são do próprio Estatuto da FDJ.

2) A carta-circular que nos foi apresentada é assinada pelos confrades Thirzah Riether, Carmen Diva Martins, Inês Assunção, Natzir Picanço, Ney P. Peres, José Rodrigues, Magdalena Armond Correia, Itamar Nogueira, Maria Cútolo, Itaboray Martins, Roberto Moreno e Dorival Sortino. O endereço para adesões ao programa particular é: Av. Waldemar Ferreira, 168, 1º andar, Butantã, São Paulo, podendo os contatos serem feitos pelo telefone: 813.7095.

3) Sendo a FDJ uma Fraternidade mística, seus dirigentes estão no Plano Espiritual, e, como Espíritos Superiores, têm o maior interesse em que os Discípulos somem esforços na grande luta pela redenção da humanidade. A Aliança Espírita Evangélica continua desenvolvendo as atividades da FDJ para atender a esses objetivos estabelecidos pelo Alto.

4) Como o momento atual exige ação evangélica em que deve aparecer em primeiro plano o trabalho cristão como resultado da exteriorização de nossa reforma interior, fazemos votos que esses companheiros possam efetivamente apresentar ao Mestre Jesus um saldo de profícuas realizações.

São Paulo, 2 de fevereiro de 1981

Wilson Mendonça Cavalcanti (FDJ) / Jacques A. Conchon (AEE)

14

CONDIÇÕES PARA INGRESSO NA FDJ

O Trevo nº 89 (jul/81)

Como resultado da troca de ideias travada com os grupos da Aliança, chegou-se a um denominador comum no tocante ao ingresso de Servidores na FDJ.

Concluída a Escola de Aprendizes do Evangelho, o aluno encaminhará as suas Cadernetas ao dirigente da turma, para a devida análise e atribuição de nota, e fará exame espiritual dentro do respectivo Grupo Integrado.

Após o exame espiritual e devolução das Cadernetas, os alunos entram em período probatório, cuja duração mínima é de noventa dias.

Às vésperas da cerimônia de passagem para a FDJ, e tendo concluído o período probatório, as Cadernetas são novamente recolhidas e encaminhadas à Secretaria da Aliança, com bastante antecedência, de acordo com os prazos-limite previamente fixados para análise final.

As Cadernetas deverão vir etiquetadas, contendo o nome do aluno, do Grupo Integrado e do dirigente. As Cadernetas deverão vir, também, acompanhadas das fichas de cadastro do aluno e com todas as notas lançadas. Retificando-se o que consta na página 63 do livro *Vivência do Espiritismo Religioso*, de Edgard Armond, item IV.2 - deverá a média final ser superior a 5, e a média de reforma íntima superior a 6.

Para o bem da ordem geral, não serão aceitas as Cadernetas que não se enquadrem no atrás exposto.

Análise das Cadernetas

Uma vez concluído o exame das Cadernetas, em âmbito de Aliança, estas serão devolvidas para o dirigente da turma, pessoalmente, em uma reunião convocada especialmente para esse fim. A presença do dirigente ou substituto é necessária.

O exame espiritual de finalização será realizado em âmbito de Aliança, sendo indispensável a presença do aluno para que o mesmo seja realizado.

Cerimônia de Passagem

Pela sua importância, a presença do candidato à cerimônia de ingresso à FDJ é indispensável e, diante de qualquer impossibilidade, ele passará na próxima oportunidade.

Haverá duas passagens por ano: uma em junho e a outra em dezembro.

Em casos muito especiais, quando o número de candidatos justifique, uma delegação da Aliança poderá dirigir-se ao local para, extraordinariamente, realizar uma passagem.

No exame feito em âmbito de Aliança, o aluno poderá ser considerado apto ou não ao ingresso à Fraternidade. Esse critério será baseado na sua Caderneta e no exame espiritual. O aluno deverá ter conhecimento do motivo da extensão do período probatório, ou seja, se ela foi motivada pela Caderneta ou pelo exame espiritual.

15

30 ANOS DE FDJ

O Trevo nº 99 (mai/82)

No dia 29 de maio, a FDJ – Fraternidade dos Discípulos de Jesus completa 30 anos de existência, tendo começado efetivamente em 1952[3] com o ingresso dos concluintes da 1ª turma de Aprendizes do Evangelho da Federação Espírita do Estado de São Paulo, dirigida pelo com. Edgard Armond.

De 52 até hoje a FDJ vem recebendo anualmente centenas de Discípulos, todos eles preparados nas Escolas de Aprendizes, que representam uma verdadeira iniciação à luz da Doutrina Espírita.

O Discípulo tem como obrigação, assumida conscientemente, disseminar o Evangelho de Jesus através de sua exemplificação, a partir do trabalho de sua reforma íntima. Membros da FDJ estão hoje espalhados por todo o Brasil e exterior implantando trabalhos espíritas e cooperando na espiritualização da comunidade em que atuam.

Reunião da FDJ

No dia 20 de junho, às 10 horas, no auditório da Fundação Getúlio Vargas (Av. 9 de Julho, 2029) será realizado o Momento de Fraternidade — um grande encontro de confraternização de Discípulos para recepção de novos companheiros que ingressam na FDJ – Fraternidade dos Discípulos de Jesus.

Trata-se de reunião aberta a todos os Discípulos; uma grande oportunidade de reencontro de amigos, um momento de emoção e vibrações elevadas.

[3] A FDJ foi criada em 29 de maio de 1952 e inaugurada em março de 1954 com o ingresso citado no texto.

16

MENSAGEM DE HILARION AOS DISCÍPULOS

O Trevo nº 101 (jul/82)

Companheiros queridos,

Todos nós temos aprendido de Jesus a servirmos ao mundo, como disse o nosso irmão: mas, observamos que alunos existem numerosos e todos eles dão a sua presença por um número.

Alunos são números na multidão. Discípulos são aqueles que, escolhidos pelo Mestre, saem a dar testemunhos do Seu ensinamento. E, como serão reconhecidos os Discípulos escolhidos pelo Mestre? A resposta está em João (14-35): "Nisto todos conhecerão que sois meus discípulos pelo muito que vos amardes".

É preciso, meus amigos, que, a cada dia que passa, o nosso amor cresça porque todos nós esperamos o alvorecer cristão, todos nós esperamos o grande dia em que todas as criaturas se irmanarão no mesmo amor a Jesus. Entretanto, para que a grande noite do tempo seja vencida, para que o grande alvorecer apareça é preciso que o amor cresça entre nós. É preciso que aprendamos a fazer as coisas com amor, com carinho, com dedicação. É preciso que, dentro de nós mesmos, cuidemos desta planta delicada, porque o amor é uma planta muito sensível e, por vezes, a nossa sensibilidade faz com que esta planta sofra porque nós não procuramos compreender o porquê de determinadas palavras, de determinadas atitudes dos nossos companheiros.

Meus amigos, para que a planta viceje, a terra é ferida, os arados sulcam a terra, as enxadas a ferem para que as plantas possam crescer, para que possam produzir flores e frutos.

Não pense o Discípulo de Jesus que vai caminhar indene do sofrimento. Os sofrimentos são a base fundamental de sua evolução, os testemunhos, as incompreensões, as palavras às vezes menos delicadas dos companheiros. É aquilo que vai fazer com que o nosso coração se sinta machucado, mas, que dessa machucadura, ele saia mais forte, capaz de amar mais e melhor, porque só quando amarmos indistintamente, mesmo àqueles que inconscientemente nos ferem, é que nós seremos dignos do Mestre que escolhemos.

É como disse o nosso companheiro: "os discípulos não ficaram chorando aos pés da cruz, eles se espalharam pela Terra e procuraram levar, aos mais diversos cantos, a palavra do Mestre". Há aqueles que foram para a Pérsia, aqueles que foram para as Gálias. Cada um escolheu o seu campo de ação: porque é muito fácil, como disse o nosso Jacques, estarmos juntos dentro de uma sala onde todos nós somos queridos uns dos outros. Mas, para amarmos ao mundo, meus amigos, é preciso que estejamos preparados, é preciso que saibamos agir consoante a vontade do Mestre que, mesmo crucificado, pede: "Pai, perdoa, porque não sabem o que fazem."

Meus amigos, os Discípulos de Jesus sabem o que estão fazendo, escolheram esse caminho; durante longos anos estudaram o roteiro dessa caminhada e é preciso caminharmos, desassombradamente, pela Terra para encontrarmos o caminho do céu.

Que Jesus nos abençoe!

17

CONFRATERNIZAÇÃO NOS 30 ANOS DA FDJ

O Trevo nº 101 (jul/82)

No dia 26 de junho, em reunião promovida pela Federação Espírita do Estado de São Paulo foram comemorados os 30 anos de fundação da FDJ – Fraternidade dos Discípulos de Jesus.

Na sede da Federação, à rua Santo Amaro, reuniram-se num ambiente de amorável reencontro Discípulos da primeira hora e membros mais recentes da Fraternidade, além de alunos e trabalhadores das diversas casas espíritas que adotam a Escola de Aprendizes do Evangelho como base de seu programa de trabalho.

O confrade João Batista Laurito, presidente da FEESP, saudou os presentes em nome da casa. A seguir, em nome da FDJ, falaram os companheiros Wanderley Jacob, Jacques Conchon e Ney Prieto Peres. Rino Curti usou da palavra para dirigir-se aos homenageados: Edgard Armond, José Gonçalves Pereira e Carlos Jordão da Silva — companheiros da primeira hora da FDJ.

O comandante Edgard Armond impossibilitado de estar presente por motivo de saúde, enviou mensagem gravada em videoteipe. Os confrades Carlos Jordão da Silva e José Gonçalves Pereira, presentes, falaram de sua emoção e da importância do encontro de confraternização.

Mensagem de Dr. Bezerra

Ao final, através da médium Martha G. Thomaz, Dr. Bezerra de Menezes trouxe a seguinte mensagem:

"Queridos companheiros e Discípulos de Jesus. Em todas as situações evolutivas, todos festejam aniversário. É comum e normal comentarem-se as qualidades dos aniversariantes e, principalmente, a sua origem.

A origem da nossa Fraternidade suplanta a matéria, exatamente como está. Entretanto, meus amigos, nós vamos nos reportar a alguma coisa de mais importante talvez, para o dia em que todos estivermos no mesmo plano. Vamos regressar ao passado, vamos voltar à década de 1940, no meio dessa década, e vamos verificar os homens assinando um armistício no Ocidente para lutarem no Oriente. De um lado e de outro, guerras fratricidas, a falaciosidade dos homens encobrindo os seus intuitos e as criaturas esquecidas da verdade de Deus, procurando satisfazer as suas vaidades mesquinhas.

Eis quando Nosso Senhor Jesus resolveu que era a época de implantar uma nova aliança, de fazer uma nova aliança entre o céu e a Terra. Era preciso que se procurasse um homem bastante enérgico como o fora Abraão, bastante forte na fé, capaz de levar os seus companheiros a uma disciplina férrea para que as criaturas se entendessem, para que procurassem compreender os ensinamentos crísticos. E das grandes obrigações dos grupos fraternais do plano do Espírito, surgiu a Fraternidade dos Discípulos de Jesus.

Encontraram esse homem forte na pessoa do nosso Edgard. Foram a ele confiadas as bases da nossa aliança, cujos discípulos não precisariam de uma arca, de uma caixa de madeira revestida de ouro, para guardar as tábuas da Lei; mas que gravariam no próprio coração, na própria consciência, os ensinamentos crísticos para que o roteiro evangélico fizesse parte do seu dia-a-dia. E é por isso, companheiros e amigos, que nós lutamos, dia-a-dia para que a grande confraternização se faça. É importante que todos nós nos conheçamos uns aos outros, é importante que todos nós conheçamos as bases da nossa Fraternidade.

Entretanto, é preciso que aprendamos a exercê-la nos mais diversos pontos do planeta: hoje aqui, amanhã ali, depois mais além. E nós observamos que está frutificando, porque companheiros mais desassombrados já estão levando a Escola de Aprendizes a outras terras que não as brasileiras. A Escola de Aprendizes está frutificando e, no velho continente, o nosso Brasil já está ficando largamente conhecido, vocês vão achar graça talvez do que lhes falo, não pelo seu futebol, mas, pelo seu conhecimento evangélico. As criaturas já vão começar a fazer ponto turístico de excursões pelo nosso Brasil, e é preciso que os

Discípulos da Fraternidade estejam conscientes dessas grandes realidades e possam oferecer àqueles que vêm em busca de um conhecimento novo, a base segura da reformulação interior.

As criaturas estão alarmadas pelo progresso da ciência. A ciência, por vezes torna o homem frio. E se a ciência é importante, como lembra a nobre Celina, a consciência é fundamental e a consciência está se tornando rara. As criaturas conscientes estão se tornando, a cada dia que passa, mais raras porque estão faltando aqueles seres desassombrados da primeira hora, que enfrentem tudo e todos para mostrarem ao mundo o roteiro evangélico.

Meus amigos, nós convidamos neste instante aqueles que têm uma sensibilidade maior para sentirem a potencialidade vibratória deste instante, para que vocês possam ver o que é possível fazer exercendo essa potencialidade dentro da nossa tarefa primeira para o Aprendiz do Evangelho, como o nosso Jordão lembrou. A nossa tarefa das quintas-feiras, a tarefa primeira confiada ao Aprendiz. Aquele principiante não podia atender no plantão de orientações, não podia atender no trabalho de cura, mas podia pôr em prática a sua capacidade de sentir, a sua capacidade de vibrar, a sua capacidade de dar de si mesmo em benefício do mundo.

E a conscientização desse trabalho, meus amigos, está rareando. E é preciso relembrarmos, a cada dia, que embora as fileiras se tornem outras nós temos aqui companheiros da primeira hora que também estão conosco, que a maior parte dos companheiros encarnados não os vêem. Mas, estão o nosso Vinícius, o nosso Godoy Paiva, que fizeram parte dos primeiros movimentos, conscientes das grandes realizações.

Nessas cadeiras, a cada ano, se renovam as criaturas. Uns terminam o curso para outros começarem. Entretanto, meus amigos, é preciso que entre Aprendizes e Discípulos a tarefa de envolver o mundo em amor permaneça. É preciso continuarmos juntos nessa tarefa, e o pensamento não ficar preso entre quatro paredes. O pensamento é livre, o pensamento é aquela porta aberta que nos leva aos páramos celestiais e nos conduz às veredas tranquilas da sabedoria. Para, conscientes daquilo que somos e daquilo que estamos fazendo nesse instante, daquilo que temos aprendido e daquilo que nos falta realizar, permaneçamos juntos, conscientes da própria responsabilidade e conscientes, sobretudo, da nossa confraternização; do "amai-vos uns aos outros", porque sem amor não há vibração, sem amor não há paz, sem amor não há amizade, sem amor não há compreensão.

Amemo-nos uns aos outros, como Jesus nos ama, agora e sempre, para que possamos permanecer fiéis ao nosso discipulado."

18

A FRATERNIDADE E O TRABALHO DO DISCÍPULO

O Trevo nº 117 (nov/83)

Entrevista com d. Martha G. Thomaz, Diretora da FDJ — Aliança Espírita Evangélica:

O Trevo: — Qual foi a origem da Fraternidade dos Discípulos de Jesus – FDJ?

Martha Thomaz: — Alguns anos depois da implantação da FDJ aqui na Terra, nós recebemos uma mensagem de Humberto de Campos onde nos relata como se originou a FDJ, no plano espiritual. Foi no final de 1945, quando da assinatura do armistício da II Guerra Mundial que Jesus, preocupado com a situação em que o planeta Terra se encontrava e sabedor que a assinatura do armistício não terminaria com as guerras, reuniu os Veneráveis para, numa tarefa em conjunto com os encarnados, vivenciarem o Evangelho de Jesus.

T.: — A quem foi confiada a tarefa de iniciar esse trabalho de tão grande envergadura aqui na Terra?

M.T.: — Este trabalho foi confiado ao Com. Edgard Armond, homem capaz de reunir a energia necessária para tão árduo trabalho sem deixar de lado o amor ao próximo que o caracterizava.

T.: — Nessa época, 1945, ele já estava preparado para este trabalho?

M.T.: — Não inteiramente. Ele foi preparado convenientemente por 5 anos pelo plano espiritual, sendo o Venerável Ricardo incumbido da segurança do Comandante.

T.: — E o Com. Armond sabia que estava sendo preparado para esse trabalho?

M.T.: — Não diretamente. Nesse período ele, trabalhando na Federação Espírita do Estado de São Paulo, desenvolveu vários trabalhos, como Escola de Médiuns, fundação do jornal *O Semeador*, mas só em 1950 é que foi formada a 1ª turma da Escola de Aprendizes do Evangelho.

T.: — Quais são as principais preocupações dos Veneráveis para que a tarefa da FDJ continue seus objetivos?

M.T.: — Em primeiro lugar são as Escolas de Aprendizes do Evangelho, que tão bem preparam encarnados e desencarnados para a FDJ. Depois, mas com a mesma importância, a propagação das vibrações das quintas-feiras, onde os Veneráveis se reúnem para a coleta das vibrações em prol deste nosso Planeta que continua, tanto ou mais conturbado, quanto em 1945 quando foi concebida.

T.: — E qual a importância das vibrações das 22h?

M.T.: — É de suma importância, tanto para encarnados quanto para os desencarnados, uma vez que estas Vibrações, através de tênues fios de luz que emanam de cada lar que as pratica, são recolhidas pelo Plano Espiritual, num grande feixe de luz, que é distribuído de acordo com as necessidades de encarnados e desencarnados. Além do enorme benefício que traz ao lar emissor, pois todos aqueles que a praticam regularmente são visitados, na hora das Vibrações, por um dos membros da Fraternidade, de acordo com a faixa vibratória e a tarefa que exerce.

T.: — Por que o trevo como símbolo?

M.T.: — Na Espiritualidade todas as Fraternidades têm um símbolo. Exemplo: A Fraternidade Maria de Magdala usa uma margarida; para as Servidoras de Maria, o símbolo é uma faixa azul-celeste sobre a roupa, geralmente branca; os Discípulos de Hilarion do Monte Nebo também se utilizam de uma faixa, só que na cor verde e com franjas coloridas. Assim, como Razin — que tem como símbolo o trevo, foi o mentor da primeira turma da EAE, o Comandante o instituiu, além de ser um símbolo fácil de ser usado.

T.: — Todos os Discípulos da FDJ usam o trevo?

M.T.: — Atualmente não muitos, mas todos que entraram e permanecem na FDJ deveriam utilizá-lo, pois é uma forma de identificar companheiros até mesmo de outras cidades.

T.: — Por que a senhora mencionou Discípulos que entraram e permanecem na FDJ?

M.T.: — É porque, como dizia o Comandante: "Entrar para a FDJ é fácil, perseverar é que é difícil" e eu complemento com uma pergunta que todo Discípulo deveria se fazer constantemente: "Por que está na Fraternidade?".

T.: — D. Martha, a FDJ dos encarnados é o que o plano espiritual tinha idealizado em 1945?

M.T.: — De uma maneira geral sim, mas os benfeitores esperam sempre mais de nós, porque sabem que podemos dar mais do que damos.

T.: — O que os Benfeitores nos inspiram para que possamos vivenciar a Fraternidade?

M.T.: — Servir a Jesus na pessoa do próximo.

T.: Quais devem ser as qualidades básicas dos Discípulos de Jesus?

M.T.: — O membro da Fraternidade não pode ser hipócrita, deve ser leal e, principalmente, ter boa vontade.

T.: — No geral, qual é o comportamento do aluno que deixa de ser Servidor e passa a Discípulo?

M.T.: — Existe um afastamento muito grande depois do término do curso, bem como deveria existir uma união maior de todos os que fazem parte da Fraternidade.

T.: — E sobre os trabalhadores que fazem parte da Fraternidade, qual deve ser o comportamento?

M.T.: — Como eu disse anteriormente, permanecer na Fraternidade é o que é difícil e para tanto o trabalho em conjunto é um dos melhores parâmetros, pois temos oportunidade de cultivar o sentimento de união, esquecer o personalismo, a exterioridade dos cargos e abolir as críticas desconcertantes.

T.: — Qual a sua opinião sobre os Encontros Semestrais da Fraternidade promovidos pela Aliança Espírita Evangélica?

M.T.: — Eu creio ser um dos mais importantes acontecimentos espíritas, uma vez que todos os Veneráveis encontram-se presentes, esperando para dar um abraço fraternal nos Discípulos de Jesus encarnados, que muitas vezes estão afastados do convívio espiritual.

T.: — Com o desencarne do Comandante Armond, qual é a situação da Fraternidade aqui na Terra?

M.T.: — Edgard Armond implantou a Fraternidade entre os encarnados e, como já dissemos, foi um trabalho árduo, mas hoje, com tantos milhares de Discípulos espalhados, o trabalho já está consolidado, uma vez que a Fraternidade é uma só, estando os Veneráveis despreocupados com o nome da Casa que a pratica e sim, preocupados que em qualquer casa haja muita Fraternidade.

Fraternidade

de Noel Rosa – Espírito

Nas horas silenciosas
quando estrelas cintilantes
como pedras preciosas,
ou singelos diamantes
se espalham no firmamento;
Vamos dar à nossa terra
o que a terra precisa;
usando o amor que energiza
consolando o sofrimento.

E quando a alvorada,
surgindo no horizonte
constrói, entre o céu e a Terra,
uma luminosa ponte,
que nos traz luz e calor;
Busquemos dar à criança,
o que a criança precisa,

ensina, alfabetiza,
dando pão e dando amor.

E na luz crepuscular
quando o sol desaparece,
e nossa força muscular devagarinho, decresce
trazendo o envelhecimento
Vamos dar a este velho
aquilo que ele precisa;
seu sofrimento ameniza,
dá-lhe a luz do entendimento.

E novamente o luar
no nosso céu aparece,
é o momento singular
que encontra, o cristão em prece
em busca do Senhor Deus;
Vamos ofertar a Deus
o que Ele espera e precisa
com os irmãos, confraterniza,
pois são também Filhos Seus.

Para dissolver no mundo
desacerto, escuridão,
necessário é acendermos
nova luz no coração
dando à Terra claridade
Vamos dar a humanidade
aquilo que ela precisa
com paciência evangeliza
Vivendo a fraternidade.

Médium: Martha G. Thomaz

19

AS FRATERNIDADES

O Trevo nº 153 (nov/86) *Edgard Armond*

Nos planos espirituais, as entidades se agrupam por afinidades morais e vibratórias, isto é, segundo condições evolutivas significando, para umas, escravização e temores e, para outras, as mais evoluídas, ordem, disciplina, responsabilidade, unidade de sentimentos e participação.

Em sentido geral, na Terra, em esferas inferiores, o que caracteriza as agremiações é a arbitrariedade dos chefes, o intelecto, os pendores psíquicos, em escala sempre degradante, isto é, quanto mais poder e mais prestígio individual, tanto mais violência, mais astúcia, mais impiedade, ao contrário do que ocorre nas esferas mais elevadas, onde a predominância é dos valores positivos da paz, da bondade, do respeito mútuo, da pureza, do idealismo, do amor, enfim, que fazem ascender para Deus, o Criador Supremo.

No etéreo terrestre, zona mais vizinha dos encarnados, unem-se entidades retardadas, interessadas em intercâmbio variado: cármico, passionais, religiosos, promovendo interferências constantes na vida dos encarnados, para satisfação de interesses até mesmo políticos, de programas escusos, visando dominações maiores ou menores, segundo convenha.

No umbral inferior, agremiam-se organizações trevosas, formadas por Espíritos maléficos e ignorantes, com atividades muitas vezes tenebrosas, individuais ou coletivas. Partem da subcrosta e da crosta terrestre e insinuam-se em todas as camadas sociais, sob a direção de chefes impiedosos e temidos; muito diferente das organizações voltadas ao Bem, que agem nas esferas mais elevadas e são coesas, disciplinadas, moralizadas e idealistas, dirigidas por Espíritos altamente responsáveis, que se aproximam da Terra para desempenho de atividades benéficas de auxílio, proteção, orientação pessoal e coletiva.

Nas aberturas mais amplas e benéficas que foram dadas ao movimento espírita a partir de 1940 na Federação, grande espaço foi atribuído às escolas e cursos os mais variados, ao mesmo tempo em que os trabalhos práticos foram revistos, atualizados, desdobrados e popularizados o mais possível, para se recuperar o largo tempo perdido em inoperâncias administrativas e estagnações doutrinárias, ao mesmo tempo em que se procurava e se efetivava a unidade de práticas.

Nesse período, algumas Fraternidades Espirituais prestaram valiosa cooperação e seu número, com o passar do tempo, foi aumentando, de forma que em 1967, quando essa fase de organização, unificação e atualização se encerrou, eram elas mais de duas dezenas, todas devidamente apresentadas, identificadas e registradas para efeito de ordem e autenticidade funcional.

O início das aproximações se deu nos primeiros meses de 1940, quando o Plano Espiritual Superior atribuiu a um pequeno grupo de entidades a tarefa de auxiliar a FEESP na implantação de um programa doutrinário mais avançado, entidades essas que vieram formar a fraternidade do Santo Sepulcro, em memória aos esforços de libertação da Palestina do jugo muçulmano, movimento esse que na história do mundo recebeu o nome de "Cruzadas".

Em 1942 formou-se um grupo de médiuns sob a designação de "Grupo Razin", em homenagem a seu patrono espiritual que dirigia uma fraternidade espiritual sob o mesmo nome e cujo símbolo era um trevo de três pétalas; e em 1950, logo após a criação da Escola de Aprendizes do Evangelho, criou-se a Fraternidade dos Discípulos de Jesus, que adotou o mesmo símbolo e, à medida que a Casa crescia e se expandia, foram se agremiando em torno todas as que se apresentavam oferecendo colaboração.

A orientação evangélica da Casa, a criação dessa Escola de Aprendizes e da Escola de Médiuns, e a ampla abertura dos atendimentos a necessitados, foram alicerces seguros da consolidação da Casa, seu engrandecimento e sua projeção considerável no conceito público do Estado e do País e justamente os motivos da aproximação e da colaboração ampla e espontânea dessas Fraternidades do espaço.

Dentre estas, podemos citar: a dos Cruzados, dos Essênios, da Rosa Mística, do Calvário, da Corrente Hindu, do Triângulo e da Cruz dos Irmãos Humildes (que englobava os médicos e enfermeiros); dos Irmãos da China, do Egito, do Tibet, do México, dos Filhos do Deserto, dos Irmãos da Esperança e várias outras, além da do Trevo, já citada (na sua contraparte encarnada), cada qual com sua própria especialização de trabalho, o que foi de grande proveito para os atendimentos de necessitados, o encaminhamento escolar e outras atividades de uma casa de grande movimento como a Federação.

A critério de alguns confrades pode parecer estranha e demagógica uma organização destas, uma inovação não aceitável, face aos cânones oficiais, se se pode assim dizer, da movimentação doutrinária; mas este não é o pensamento dos milhares de trabalhadores e frequentadores que se beneficiaram dela nem o é do próprio Plano Superior, sob cuja orientação espiritual, benévola e ativa, a casa criou-se, organizou-se, expandiu-se e se fez como uma inegável exponência do Espiritismo Nacional.

A atividade espiritual, desembaraçada de peias e preconceitos, toma muitas vezes aspectos diferentes daqueles que estamos acostumados a ver mas, parafraseando notável instrutor desencarnado, "o pensamento de Deus não é o pensamento dos homens, nem os mesmos são os seus caminhos".

20

ESCOLA INICIÁTICA E PERÍODO PROBATÓRIO

O Trevo nº 241 (jul/94) Eduardo Miyashiro

Comumente associamos à palavra ESCOLA a concepção da sala de aula com quarenta carteiras e um professor à frente do quadro, falando para os alunos ouvirem e aprenderem. O professor centraliza a tarefa de transmitir conhecimentos e avaliar o progresso de seus alunos. Esta situação quase todos nós vivemos no processo de educação formal.

Entretanto, esta forma de educar é recente na História da Humanidade. Para atender às necessidades de instrução, que cresciam diretamente com o nível populacional, nasceu a sala de aula, tal como a conhecemos hoje na Alemanha do século passado. Substituiu-se a educação "vivencial" pela instrução passiva, objetivando principalmente a quantidade, com prejuízo da qualidade.

Quem estudou a biografia de Allan Kardec sabe que seu mestre Pestalozzi propunha a educação "vivencial", onde os alunos podiam aprender com seu próprio esforço e experimentação, e que, nestas condições, todas as disciplinas se interpenetravam, do ensino da Matemática à Educação Moral.

Caminhando ainda mais para trás na escala do tempo, vemos os povos da Antiguidade executando a tarefa educativa através das Escolas de Iniciação. Embora presentes do Egito à Índia, vemos sua mais clara expressão na Grécia Antiga.

Naquela época, um Mestre cercava-se de vários discípulos que iam conviver diuturnamente com o instrutor. Eram serviçais em sua casa e instruíam-se ao beberem seus ensinamentos, dia e noite, em preleções, diálogos, passeios pela Natureza, observações de laboratório, ou mesmo nas reações diante dos fatos do cotidiano.

Esta era educação vivencial. Com o passar do tempo, discípulos também tornavam-se Mestres, tratando por sua vez de educar novos discípulos. Era uma educação seletiva. Não havia como educar toda a população com este método, e somente as famílias mais abastadas podiam assumir tais encargos. Além disso, os mestres eram rigorosíssimos no processo seletivo, e os alunos que não correspondiam à altura de seus ensinamentos eram afastados, ou afastavam-se naturalmente.

O advento de Jesus, porém, traz uma radical mudança nesse processo. Ele é o Mestre por excelência, ensina por exemplos. Não escreveu compêndios mas exemplificou tudo o que ensinou. Não foi servido pelos Discípulos, mas serviu-os com profundo amor, ensinando, durante a simbólica passagem do lava-pés, que o maior no Reino dos Céus é o que mais serve.

Conviveu intensamente com seus discípulos, os quais puderam aprender com cada palavra, cada gesto, cada atitude. Mas nunca selecionou discípulos, estes é que se selecionavam. Os 500 da Galileia viram-se reduzidos a 72 servidores, que também se dispersaram com o aumento da perseguição. E aos próprios Doze indagou o Mestre: "E vós, também não partireis, como os outros?"

A Escola do Mestre era vivencial e iniciática, mas não seletiva. Era escola do exemplo e não da teoria. Jesus foi o Mestre dos Mestres. Depois dele, nunca mais as Escolas foram as mesmas.

A Escola de Aprendizes do Evangelho busca reviver o espírito das escolas iniciáticas, adaptando-o aos dias atuais. Hoje em dia não é mais possível viver integralmente dentro do ambiente da escola, 24 horas por dia. Mas o Mestre é Jesus, e em todos os momentos e lugares podemos exercitar a prática do Evangelho.

Depois de Jesus, nenhum Mestre é mais necessário. É conveniente lembrar que o papel do dirigente da turma é o de outro Aprendiz, que, já tendo passado pelos caminhos do programa da Escola antes, concorda em vivenciar novamente, lado a lado com outros companheiros, esse programa. Tem o dever de esclarecer as diretrizes principais desse programa para que os demais também possam vivenciá-lo.

Também é certo que, embora possível, iniciar-se individualmente é muito mais difícil. Em grupo, os Aprendizes incentivam-se mutuamente, identificando-se nas dificuldades e recompensas do processo de Reforma Íntima.

Além do mais, existe um fator importante: o ambiente. Se hoje em dia não nos é mais possível vivermos 24 horas por dia dentro da escola, os 90 minutos por semana que os Aprendizes passam juntos, durante os dois anos e meio da Iniciação, constituem-se abençoado ambiente de meditação e refazimento. No enlevado e místico ambiente formado no Centro Espírita, afastam-se os alunos do turbilhão de forças contraditórias e dos problemas materiais em que normalmente vivem. Podem assim experimentar, por um breve tempo, a conscientização dos valores imateriais e eternos.

Lembramos que todo ser possui uma semente divina dentro de si, plantada pelo Pai no momento da criação. O ambiente da Escola de Aprendizes reúne as condições para a germinação dessa semente. Durante toda a extensão do programa da Escola, em 90 minutos por semana, esta semente recebe nutrientes e fertilizantes, sendo mantida e protegida do turbilhão das forças da matéria.

Permanecendo o Aprendiz fiel ao programa da Escola, quanto à frequência de comparecimento às aulas e quanto ao emprego dos instrumentos de auxílio à Reforma Íntima (Caderno de Temas, Caderneta Pessoal, Exercícios de Vida Plena, Caravanas de Evangelização e Auxílio e participação em trabalho pelo bem do próximo), poderá então, ao final da Escola, dispensar o encontro semanal, pois a semente interior já terá germinado e poderá resistir sem dano ao turbilhão, dando bons frutos.

É exatamente isto que se espera do Discípulo de Jesus: que seja a Luz do mundo, o Sal da Terra, amando e servindo apesar das forças contrárias ao Bem e à Verdade. Mas como o ambiente da Escola de Aprendizes, que criou as condições necessárias para a germinação da semente, não pode ser mantido indefinidamente, é necessário que os Aprendizes avaliem intimamente se, sem esse ambiente, a chama do ideal não se apagará.

Tal é valor do Período Probatório. Os alunos deixam de se encontrar, por três meses, para poderem avaliar, com maior precisão, se de fato se encontram aptos a servirem como Discípulos, se podem ser os arautos da Boa Nova.

É um período de profunda auto-avaliação, daí o nome "probatório". São provas para nossa própria consciência, das quais extraímos um posicionamento: se encontramos em nós mesmos forças para prosseguir no testemunho do Evangelho, em todas as frentes de trabalho cristão (nosso lar, nosso ambiente profissional, nossos familiares, etc.) ou se a semente interior ainda precisa ser mais fortalecida para chegar a essa condição.

Costuma afirmar o comandante Armond que, em tal período, "o Aprendiz está entregue a si mesmo". De fato, a auto-análise para verificação das condições de testemunho do Evangelho deve ser puramente individual.

O dirigente da turma deve sempre anotar, nas Cadernetas Pessoais dos alunos, a data de início do período probatório, permitindo identificar as anotações formuladas durante esse período. Deverá marcar um encontro com os alunos, após o período probatório (nunca inferior a três meses) para tomar conhecimento das avaliações efetuadas. Aqueles que desejarem mais fortalecimento, podem ser encaminhados para outra turma que esteja no terceiro ano. Os que se julgarem em condições de prosseguir devem ser conduzidos para o processo de ingresso na Fraternidade dos Discípulos de Jesus, segundo o calendário da Regional da Aliança de que participarem. A Regional também é responsável, perante a FDJ, pela avaliação rigorosa dos ingressantes, para dirimir eventuais dúvidas do processo avaliatório realizado na Escola.

Sob nosso ponto de vista, com estas observações, fica explicado o período probatório e a necessidade de que os alunos se afastem temporariamente do ambiente iniciático da Escola de Aprendizes.

21

FRATERNIDADE

O Trevo nº 246 (dez/94)

(Mensagem recebida em 11-3-94, na reunião da FDJ, no CEAE Genebra)

"Queridos companheiros: Que a Paz do Mestre esteja convosco hoje e sempre! Irmãos: um dos principais e primordiais objetivos de nossa querida Aliança Espírita Evangélica sempre foi e sempre será a Fraternidade entre os povos, entre as diferentes raças, crenças, credos e religiões.

Hoje, o conceito que devemos ter de Religião deve ser bem mais amplo, mais absoluto, devendo o espírita-cristão levar aos lares a de Universalidade, de União e de Fraternidade entre todas as raças.

O espiritismo vem abrir o coração dos homens para as verdades intrínsecas e inerentes a todos os seres humanos: a realidade sobre a vida após a chamada morte, a importância da reencarnação e da pluralidade de mundos, verdades que farão com que a humanidade, finalmente, largue os seus bezerros de ouro e acorde à realidade que aí se encontra. Estamos às portas do Terceiro Milênio e nada ainda se construiu em termos de Fraternidade entre os homens, ainda aprisionados a falsos valores e ideias absurdas de autodestruição.

A caridade deve sempre representar o norte de todo aquele que busca Jesus com sinceridade e humildade de propósitos.

Sigam em frente com seus propósitos, mas não se esquecendo jamais de exemplificar o que pregam aos outros."

22

FDJ – FRATERNIDADE DOS DISCÍPULOS DE JESUS

O Trevo nº 249 (mar/95)

Em mensagem de Edgard Armond proferida na reunião Geral da Aliança em 1977, consta o seguinte trecho:

"Saudamos também os membros da FDJ, momentaneamente afastados por quaisquer motivos, aos quais, Entidades ligadas ao setor direcional do Espiritismo em nosso País, têm feito carinhosas referências no sentido de que voltem às atividades e à comunhão dos companheiros; e ergamos a Jesus nossas preces para que esses apelos sejam ouvidos, mesmo porque a custosa preparação feita por esses Discípulos, com tanto esforço e esperança, não deve, em hipótese alguma aniquilar-se com a inação; e para eles, da parte da Aliança em todos os seus grupos de trabalho *ativo* e *fecundo*, as portas estarão sempre abertas para o mais fraternal acolhimento".

23

MUDANÇA DO ESTATUTO DA FDJ

O Trevo nº 260 (fev/96) Eduardo Miyashiro

As mudanças, aprovadas pela Assembleia dos Grupos Integrados, visam simplificar o atual estatuto da Fraternidade dos Discípulos de Jesus, adequando-o ao espírito de responsabilidade ativa do Discípulo de Jesus como agente do Evangelho Cristão frente às necessidades do mundo atual. A atualização do regimento interno busca acompanhar a modificação do estatuto, com o mesmo propósito de adequação à atuação livre e consciente dos Discípulos de Jesus.

As Modificações do Estatuto da FDJ

Como era:	Como ficou:
Artigo 9º: A Fraternidade se constituirá: a) de uma Chefia, que funcionará junto à cúpula direcional da Aliança; b) seções dependentes, que funcionarão nos Grupos Integrados onde realizaram sua formação e aprendizado ou, eventualmente, prestem sua colaboração.	Artigo 9º: As atividades da Fraternidade serão coordenadas pelo Conselho de Grupos Integrados da Aliança, que proporá constantemente novas metas de trabalho cristão aos Discípulos de Jesus e dará apoio a todos os Discípulos empenhados na criação ou ampliação de frentes de trabalho em benefício da Humanidade.
Artigo 10º: Os elementos por ventura não adstritos aos GIs, devem ligar-se à Chefia Geral, mediante solicitação.	Artigo 10º: Os Discípulos de Jesus poderão ou não estar vinculados a algum Grupo Integrado, tendo liberdade para criarem frentes de trabalho

independentes, desde que mantidos os laços espirituais com o ideal da FDJ, através das vibrações diárias pelo Bem Universal.

Artigo 11:
A essa Chefia Geral cabem todos os trabalhos necessários à direção da Fraternidade e suas relações externas.

Artigo 11:
Artigo eliminado.

Artigo 12:
A Fraternidade poderá possuir filiais em diferentes lugares, mas a sede central, para ligações com a Aliança, será sempre em São Paulo, na sede desta.

Artigo 12:
Artigo eliminado.

Artigo 13:
A Fraternidade não se deixará envolver em questões ou competições de qualquer natureza, e nenhum de seus membros poderá falar em seu nome, salvo quando especialmente autorizado.

Artigo 13:
A Fraternidade não se deixará envolver em questões ou competições de qualquer natureza.

Artigo 14:
Todas as seções dependentes se obrigam a cumprir as instruções baixadas pela Chefia Geral, bem como tarefas pessoais no campo

Artigo 14:
Todos os Discípulos de Jesus se obrigam a permanecerem cientes das propostas lançadas pelo Conselho de Grupos Integrados da Aliança, no campo das realizações

das realizações doutrinárias ou evangélicas, que se refiram ao engrandecimento da comunidade ou ao benefício da sociedade.

doutrinárias ou evangélicas, que se refiram ao engrandecimento da comunidade ou ao benefício da sociedade.

Atualização do Regimento Interno

Como era:

Artigo 2º:
Para assegurar sua sobrevivência, no momento, e até que sua posição se consolide, a Fraternidade terá sua sede junto à Aliança Espírita Evangélica, onde atuará na forma de uma Diretoria, sem prejuízo da liberdade relativa de que carece para o desenvolvimento de seus programas específicos, aos quais se limitará.

Artigo 3º:
Nos Grupos Integrados à Aliança, os Discípulos formarão Seções Dependentes – SD – em número indeterminado.

Como ficou:

Artigo 2º:
A Fraternidade não estará adstrita a uma sede, estando presente onde quer que atuem os Discípulos em frentes de trabalho direcionadas ao Bem da Humanidade.

Artigo 3º:
Nos Grupos Integrados à Aliança, os Discípulos poderão se reunir, sempre que necessário, para o fortalecimento mútuo e organização para realização de trabalhos ou estudos compatíveis com os ideais da Fraternidade.

Artigo 4º: A Diretoria será exercida por Discípulo de notória capacidade intelectomoral, indicado pelos Grupos Integrados, cabendo à Diretoria Geral da Aliança o selecionamento de 1 nome dentre os 3 mais votados.	Artigo 4º: A coordenação das atividades da Fraternidade será exercida pelo Conselho de Grupos Integrados à Aliança, consoante definido no estatuto da FDJ.
Artigo 5 º: Essa eleição se dará anualmente na mesma data da eleição do Diretor Geral da Aliança, permitidas as reeleições.	Artigo 5º: Artigo eliminado.
Artigo 6º: As Seções Dependentes funcionarão junto aos órgãos diretivos dos Grupos Integrados da Aliança, entrosados em suas respectivas administrações, porém subordinadas à Diretoria da FDJ para os assuntos referentes às atividades específicas desta última.	Artigo 6º: Artigo eliminado.
Artigo 8º: A Diretoria da FDJ promoverá reuniões no âmbito dos Grupos Integrados ou fora deles para desenvolver os conhecimentos teóricos e práticos dos Discípulos.	Artigo 8º: Os Discípulos de Jesus, integrantes da FDJ, poderão promover reuniões no âmbito dos Grupos Integrados ou fora deles para desenvolvimento de seus conhecimentos teóricos e práticos.

Artigo 9º: O Planejamento e a programação de tarefa e estudos a executar pelos Discípulos devem ser acertados previamente pela Diretoria da FDJ com a Direção da Aliança, para efeito de uniformidade e disciplina de trabalho.	Artigo 9º: Artigo eliminado.
Artigo 12: Os membros das Seções Dependentes poderão, a critério próprio e com a devida autorização das Diretorias locais, promover reuniões para estudos e debates de assuntos de interesse espiritual e da Fraternidade em geral como, também, deverão atender às convocações da Diretoria da FDJ para as reuniões coletivas programadas para o ano em curso.	Artigo 12: Os Discípulos de Jesus poderão promover reuniões para estudos e debates de assunto de interesse espiritual e da Fraternidade em geral, bem como auxiliarão as diretorias dos Grupos Integrados aos quais estiverem vinculados na divulgação das atividades de interesse da FDJ.
Artigo 14: Ocorrendo divergências nas Seções Dependentes sobre as instruções a seguir ou tarefas a executar, em todos os casos prevalecem as provenientes da Diretoria da FDJ, por tratar-se de interesse direto e privativo da Fraternidade.	Artigo 14: Artigo eliminado.

Artigo 15: É vedado às Seções Dependentes promover reuniões, festivais e outros atos destinados à arrecadação de recursos de manutenção, que cabem exclusivamente às administrações locais dos Grupos Integrados.	Artigo 15: Por sua natureza essencialmente espiritual, a Fraternidade não estará diretamente envolvida em eventos de natureza material, arrecadação de recursos ou administração de bens ou serviços, não impedindo, todavia, seus membros de participarem na realização de tais tarefas.
Artigo 17: A primeira eleição para a Diretoria da Fraternidade será feita em março de 1978.	Artigo 17: Artigo eliminado.
Artigo 18: Os casos omissos serão solucionados pelo Diretor Geral da Aliança, ouvidos os órgãos competentes.	Artigo 18: Os casos omissos serão solucionados pelo Conselho de Grupos Integrados da Aliança.

24

INICIAÇÃO ESPIRITUAL

O Trevo nº 262 (abr/96)

A data de 23 de março marcou o início de uma nova dinâmica nos seminários da Aliança Espírita Evangélica. A realização simultânea de dois eventos para a reflexão e troca de ideias sobre um tema. Para a reunião em São Paulo, houve 45 inscrições. Em Petrolina (PE), em encontro organizado pela Regional Nordeste, 32. O assunto tratado nos dois locais, Iniciação Espiritual, não havia sido abordado em nenhum seminário do ano passado.

O Conceito de Iniciação

Em São Paulo, os participantes do Seminário foram divididos em dois grupos. Nos dois, a preocupação em discutir o conceito de Iniciação Espiritual. O que significa iniciar? Será apenas o começo de uma jornada? Mas algo mais, um processo que implique o compromisso de purificar tanto o Espírito quanto o corpo? É possível uma Iniciação genérica, sem a chancela de religiões. A Espírita, seguida pelo Programa da Aliança, é clareada pelas luzes do Espiritismo. Essas luzes fazem com que as pessoas que sigam esse caminho se sintam responsáveis, impelidas a *"não olhar para trás"* e seguir adiante na sua espiritualização.

No caso específico das Escolas de Aprendizes, é possível perceber a meta da Iniciação no estudo, sobretudo do Evangelho; na trilha do auto-conhecimento, no campo interno; e na exemplificação. Em outras palavras, o processo de transformação não se dá sem conhecimento, Reforma Íntima e trabalho. O amor ao próximo contém todo o Evangelho. É uma divisa não apenas para os cristãos, mas uma bandeira para toda a humanidade. O trabalho promove a Reforma Íntima com a prática e a teoria.

A Escola de Aprendizes não tem pré-requisitos, é *"um caminho aberto"*, como dizia o comandante Edgard Armond, não fazendo acepção em relação a qualquer um que pretenda frequentá-la. É simples, acima de tudo, sem perder a profundidade. Pode ser entendida tanto pelos doutores quanto pelos que não tiveram acesso ao saber mais intelectualizado. O aluno, com o tempo, percebe que para a empreitada da espiritualização, são necessários método e disciplina.

A experiência da Iniciação, vinda do Oriente, teve iniciativas fracassadas no Ocidente porque elas se ativeram apenas em dois pontos: mostrar o que o ser humano é e aquilo que ele pode ser. Colocar em prática a espiritualização para o próximo foi descartada. O academicismo preponderou.

Uma das constatações é de que a pessoa que passa por esse processo, renovando seus valores espirituais, não é mais a mesma. Os dirigentes de Escola atuam como facilitadores, ao expor as ferramentas que a Iniciação Espírita proporciona para a espiritualização do ser humano. Não são eles que tornam os alunos *"iniciados"*.

A Iniciação, embora compartilhada num ambiente com várias pessoas, tem resultado individual. Não cessa na Escola de Aprendizes. Persiste para sempre, quando há conscientização e amadurecimento na intenção de espiritualização. A própria EAE espelha isso muitas vezes quando, em determinado estágio do curso, todos se igualaram tanto na busca do mesmo ideal que não se sabe mais quem é o dirigente da turma. No campo do conhecimento, no caso da Iniciação Espírita, é essencial o estudo das obras básicas de Allan Kardec, codificador do Espiritismo.

Mas essas informações só se completam com o trabalho em prol da humanidade. No campo interno o combate aos vícios do fumo e do álcool são uma prova inicial. *"Quem não pode o pouco, não pode o muito"*. Se os vícios do corpo, que nada são perante os do Espírito, prevalecerem, se tem realmente a espiritualização como meta efetiva?

25

TERCEIRO SEMINÁRIO DA ALIANÇA: O INGRESSO NA FDJ

O Trevo nº 264 (jun/96)

Fortalecendo Conceitos

O Terceiro Seminário da Aliança demonstrou a maturidade de nosso movimento. Durante as quatro horas de duração do encontro, representantes dos Grupos Integrados trocaram ideias e experiências em favor do fortalecimento dos conceitos ligados à Fraternidade dos Discípulos de Jesus, principalmente sobre o significado do discipulado.

A Regional ABC recepcionou os participantes no Grupo Espírita Renascer, de Santo André, no dia 21 de maio, sábado, às 13h30. Durante o encontro, muito aprendizado e crescimento foram alcançados, como se pôde perceber pelas experiências e testemunhos apresentados por todos os participantes. Segue-se um resumo com as principais ideias expostas no Seminário.

Porta-voz do Mestre

A reunião foi iniciada com a recomendação de que os participantes discutissem mais conceitos e menos procedimentos, dado que estes são consequência de conceitos bem definidos.

Iniciando-se pelo conceito de Discípulo de Jesus, lembrou-se que, embora no "Guia do Discípulo", o comandante Edgard Armond tenha afirmado que o Discípulo de Jesus torna-se porta-voz do Mestre, num depoimento gravado, o próprio Armond diz que, chegado à condição de Discípulo, o mesmo tem condições de tornar-se porta-voz do Mestre, o que é substancialmente diferente.

Discutiu-se a investidura no grau de Discípulo, onde se notam muitas variações quanto ao grau de conscientização dos ingressantes na FDJ. Diversos problemas foram levantados: os Discípulos estão ausentes nas oportunidades de trabalho cristão; há alunos do 3º ano da

Escola de Aprendizes que ainda não estão trabalhando pelo próximo, e desconhecem quase completamente a FDJ; há dirigentes de turmas preocupados em acelerar o processo de conclusão do programa para desincumbir-se da tarefa abraçada.

Lembrando mais uma vez Armond: o Discípulo é um trabalhador especial do Cristo; as tarefas comuns do Centro Espírita, qualquer um pode fazer, mas, como Discípulo de Jesus, conduz, não é conduzido; identifica a necessidade de trabalho antes que venham chamá-lo, antecipando-se na consecução da tarefa; vai à frente, desbravando o campo do serviço cristão.

"Explicações"

Nos primeiros exames espirituais, um índice muito elevado de reprovações era constatado.

Aliás, a palavra "reprovação" é imprópria e não deve ser empregada: constitui-se tão-somente em uma avaliação do Plano Espiritual para que o aluno prossiga no período probatório, avaliando melhor as condições individuais e preparando-se com mais dedicação.

Entretanto, naquela época, grande número de dirigentes exercia pressões insistentes para conduzir seus alunos à FDJ. Em vez de aproveitar o fato para amadurecimento da turma, revoltavam-se com o resultado da avaliação.

Na entrevista realizada durante o exame espiritual, pergunta-se ao ingressante o que ele está fazendo como trabalhador do Cristo. É comum ouvir-se como resposta: "por enquanto, nada posso fazer; eu trabalho de dia e estudo de noite, tenho que fazer tratamento médico duas vezes por semana, tomo passes na Casa Espírita", etc., etc...

Tudo o que se houve são "explicações". Armond costumava dizer: "então não chegou no ponto, não tem condições". Apenas a constatação natural de que, se o processo da vida não permitiu ainda a algum aluno maiores condições para dedicação a tarefas cristãs, e se ele não pode ainda superar tais limitações, então ainda não chegou a hora, e uma tentativa para levá-lo à FDJ resultaria infrutífera.

Algumas Reflexões Sobre o Momento do Ingresso na FDJ

Será que nós, dirigentes, não "enfeitamos" erradamente o ingresso na FDJ? Completar a Escola de Aprendizes não significa ingressar. E ingressar não significa ter prerrogativas espirituais.

O momento do ingresso na FDJ é totalmente distinto da real investidura na condição de Discípulo de Jesus, que é puramente interior. Em matéria de Escola Iniciática, a nossa é muito frouxa, pouco exigente. Leva-se alunos à FDJ em graus muito diferentes. O verdadeiro Discípulo é reconhecido porque trabalha incessantemente na Reforma Íntima e debruça-se sobre os problemas da sociedade. As Sessões Dependentes da FDJ, que deveriam ser o ponto de encontro dos Discípulos congregados em torno de um Grupo Integrado da Aliança para fortalecimento de sua atuação, simplesmente não existem. Os Discípulos não se reúnem, não têm um programa de trabalho, esquecem da Caderneta Pessoal.

Na entrevista com os alunos, durante o exame espiritual da FDJ, uma pergunta importante: "Deseja ingressar?" Respeitemos o coração do aluno, e não esqueçamos que vacilações equivalem a respostas negativas, indicando necessidade de amadurecimento.

Experiências e Testemunhos

Uma das experiências relatadas foi a de uma turma da regional do ABC que, ao término do programa, não foi conduzida de imediato ao ingresso na FDJ, aguardando o dirigente o despertamento das condições para o discipulado nos alunos. Após dezoito meses, um único aluno procurou o dirigente, solicitando ser examinado para o ingresso na Fraternidade.

Na regional do Vale do Paraíba, em 1990, foi feita uma avaliação. Com uma média de 120 ingressantes por ano na FDJ, não se conseguia saber "onde estão os Discípulos" dada a continuada carência de trabalhadores. Os dirigentes de turmas foram reunidos, alertados a não "enfeitarem" o ingresso. Decorridos três anos, aquela média reduziu-se à metade, mas houve um crescimento na qualidade dos trabalhadores.

Na Regional Sorocaba, durante o terceiro ano, não se cogita do momento do ingresso: coloca-se aos alunos sua identificação com os ideais da Fraternidade dos Discípulos de Jesus, que é avaliada pelos próprios alunos durante o período probatório. Para alguns, bastam três meses de intensas experiências no campo da auto-análise. Para outros, há necessidade de um ano ou mais.

Período Probatório

O processo de transformação interior que a Escola de Aprendizes propicia, ocorre graças à criação do ambiente de serenidade, de misticismo e consciência religiosa, dando condições para a germinação da semente divina no íntimo do Aprendiz. Após os três anos da Escola, deve o aluno avaliar se reúne ou não forças em sua alma para assumir a condição de trabalhador especial do Cristo, como já mencionado.

O período probatório é a fase indicada para esta auto-avaliação, afastados os alunos desse ambiente especial, da atmosfera da aula da EAE. Há dirigentes que compreendem mal a utilidade deste período, não esclarecendo e contribuindo para que os alunos não se avaliem adequadamente neste período, sobre as condições para assumir a proposta do discipulado.

O dirigente pode prolongar o período probatório (três meses é uma recomendação para o mínimo). São inaceitáveis subterfúgios para diminuir prazos e "aproveitar" o tempo.

Avaliações e Exames

Os dirigentes devem ter cuidado redobrado quanto aos Exames Espirituais. Não apenas no exame de conclusão do 3º ano, mas também os de 1º e 2º anos devem ser rigorosos, oferecendo aos alunos uma visão precisa e correta de sua adequação à proposta da Escola. Principalmente as notas que são de responsabilidade do dirigente, como trabalhos e utilização da Caderneta Pessoal, devem ser atribuídas com seriedade, permitindo aos alunos saberem com precisão como se situam frente às possibilidades espirituais da Iniciação. Não devem esquecer que "explicações", como citado anteriormente, não melhoram condições inadequadas.

Há dirigentes que sabem que o aluno não tem condições, mas assim mesmo enviam sua Caderneta Pessoal para a Regional realizar a avaliação, apenas porque não desejam assumir a responsabilidade de dizer isso ao aluno.

Quanto ao item "trabalho", deve-se ter em mente que este conceito extrapola os limites das quatro paredes de um Centro Espírita. O exame de ingresso não pode ter tom inquisitor: "você TEM que trabalhar nos passes, ou dando aulas...". O trabalho pelo próximo não comporta limitações. Trabalho é compromisso periódico, desinteressado e dirigido à transformação do mundo pela ação do Bem, e muitas atividades enquadram-se neste conceito. O trabalho do Discípulo de Jesus não TEM que ser abundante, mas não pode ser um trabalho qualquer: qualidade acima da quantidade.

Mas cuidado para não nos fixarmos no trivial! Atenção e simpatia, no ambiente de trabalho profissional, são requisitos básicos a qualquer pessoa.

O trabalho organizado pode ter qualquer tamanho. Entretanto, a característica do trabalho do verdadeiro Discípulo é que, não importa a sua dimensão, ele está sempre em crescimento.

Condições Para um Melhor Trabalho dos Dirigentes

Já quanto à formação de dirigentes, os Grupos Integrados e as Regionais devem ser extremamente rigorosos. O Curso de Dirigentes deve ser exigente na preparação dos candidatos, impedindo o surgimento de dirigentes despreparados, sem perfil para a tarefa. Já se disse mais de uma vez: a turma é o reflexo do dirigente. A direção do Centro Espírita deve escolher sempre o melhor: ao final o resultado será melhor. E o dirigente escolhido precisa aceitar e acreditar no programa que está abraçando.

Os dirigentes nunca devem esmorecer no compromisso de recolher as Cadernetas dos alunos a cada três meses, avaliando seu uso correto (verificar se o uso está voltado para a auto-análise: é impossível ao dirigente avaliar o grau de evolução moral).

Turmas menores são mais condizentes com a proposta vivencial da Escola, permitindo o contato mais próximo, "apalpar" corações, sentir e apoiar os alunos. Não se deve oferecer o ingresso na FDJ como um prêmio, e sim como uma proposta de vida. Os exercícios de Vida Plena devem tornar-se característica básica do programa da Escola.

Encontros de Discípulos

Por que não realizar reuniões entre os Discípulos oriundos das Escolas de Aprendizes de cada Grupo Integrado (reuniões outrora denominadas Sessões Dependentes), trocando ideias sobre Reforma Íntima, utilizando a Caderneta Pessoal (passaporte de entrada para estas reuniões), realizando Exercícios de Vida Plena? Por que não convidar, para tais reuniões, os alunos no período probatório, permitindo definirem com clareza o conceito do que é ser Discípulo?

O aprofundamento dos Exercícios de Vida Plena permitirá que cada indivíduo se conheça melhor, e possa, assim, fazer uma auto-avaliação mais sólida.

Aos Alunos do Terceiro Ano

É muito positivo abordar os alunos que entram no terceiro ano, convidando-os a um questionamento interior. "Você se contenta em aplicar passes, dar aulas e preleções? Para você isto é suficiente como trabalho? Então, fique por aqui mesmo, não precisa prosseguir no terceiro ano. Servidor você já é. Ou você deseja algo mais, contribuir para o maior progresso da sociedade, servir em toda a parte? Então prossiga."

Pré-requisitos

Para assumir determinadas tarefas de importância e responsabilidade no Centro Espírita, ser Discípulo de Jesus é condição necessária. Elitismo? Preconceito? Não, apenas noção de responsabilidade e compromisso espiritual. Combatamos a tendência à acomodação!

O Ideal Espírita

Se a Escola de Aprendizes do Evangelho visa o processo de iluminação do ser, incentivando-o para o Bem, independentemente do rótulo religioso, e se a Escola também é a espinha dorsal do nosso movimento de Aliança, poderíamos então abolir o adjetivo "espírita"?

O ideal primário de Kardec sempre foi a melhoria da Humanidade. Ao trabalhar pelo Espiritismo, nunca pretendeu fundar um movimento em separado. Aliás, previu que, como instituição, o Espiritismo viria a desaparecer, para fazer parte naturalmente da vida do homem renovado. Lançou as bases da religião Espírita como um movimento aberto, uma proposta de vida. Entretanto não conseguiu esta plena liberdade, nem nós estamos conseguindo. Nós espíritas encerramos a Doutrina Espírita nas quatro paredes do Centro Espírita, tornando-a (talvez) mais uma religião institucionalizada, um rótulo, uma separação de crenças.

O momento atual é propício a um movimento aberto, dada a carência de amor e a sede de esclarecimento vivida pelo Homem moderno. A divulgação da Essência Espírita dispensa o próprio rótulo: basta-lhe a busca do Bem comum.

Entretanto, convenhamos: um movimento totalmente desvinculado da âncora doutrinária que Kardec lançou, um formidável lastro de segurança e firmeza no campo da fé raciocinada, é muito difícil. Armond dizia "Diante da dúvida, fiquemos com Kardec!"

Portanto, trata-se de um grande desafio: viver o ideal Espírita, divulgar sua essência e renunciar ao rótulo, à marca, derrubando as paredes do Centro Espírita para que o Amor derrame-se sobre a Humanidade em transição. Estaremos à altura de tal convite do Bem e da Verdade?!

26

MOMENTO DE FRATERNIDADE

O Trevo nº 272 (fev/97)

A Regional São Paulo Capital promoveu, na manhã de 15 de dezembro passado, seu Momento de Fraternidade, com a passagem de Discípulos para a FDJ. O encontro ocorreu no Teatro Bibi Ferreira, no bairro paulistano da Bela Vista. A seguir, os principais trechos de mensagem transmitida pelo Plano Espiritual durante a reunião.

"Companheiros Amigos, o nosso bom dia e paz. Todos os anos a mesma festa de confraternização para os Discípulos de Jesus. Assumam suas responsabilidades. Hoje vou trazer para vocês o testemunho de alguém que deseja ser um Discípulo de Jesus. Muitos anos atrás, no átrio de uma igreja, um menino ouviu dizer que Deus era o criador de todas as coisas. Desde então ele saiu à procura de Deus. Ele via as aves de grande porte volejando no infinito e achava que elas estavam mais perto de Deus. Um dia, estas aves também caíram. Pensou encontrar Deus num ninho de avezinhas, mas essas também eram machucadas, também eram sacrificadas. Então achava que Deus não estava ali.

Depois ele procurou Deus no coração dos homens e na esperança das meninas. Mas os homens corrompiam as meninas e as meninas abandonavam suas esperanças. Ele continuou à procura de Deus. Não encontrando Deus nas coisas externas, buscou encontrar Deus no acumpliciamento do álcool e do fumo. E assim desencarnou em tristes e amarguradas condições. Depois de treze anos de sofrimentos incontáveis, qual não foi a nossa surpresa ao encontrarmos aqueles cúmplices dos nossos desacertos agora acumpliciados com Jesus na prática do Evangelho no Lar.

Aí começou a nossa modificação. Aí começamos estudar juntos, procurando, juntos, estudar o programa da Escola de Aprendizes, procurando outras escolas, procurando convívio fraternal de companheiros bem-intencionados para que conseguíssemos encontrar Deus. E nós encontramos Deus na tarefa Cristã. Encontramos Deus dentro de nós.

Quando, na impossibilidade de transformar a água em vinho, transformamos a nossa alegria em companheirismo nos lares dos companheiros em suas festas familiares. Na impossibilidade de multiplicar pães, multiplicamos a boa vontade, dividindo o que tínhamos com nossos companheiros de jornada. Na impossibilidade de subirmos ao monte, para cantar as bem-aventuranças passamos a cantar as alegrias da vida e da morte.

Agora, amigos, depois de tantas cantorias, depois de cantar loiras, morenas, cabelos pretos, dourados, mil vestidos, que é coisa fácil, podem crer, para mal do meu pecado, é difícil descrever a glória do Mestre Amado, para que possamos aprender a falar com Ele para que possamos também transformar trevas em luz. Na compreensão de seus gestos, em temas vários, diversos, só pude dizer ao mundo que, se há dois planos diversos, há um só Mestre Jesus.

Nós vamos perguntar aos companheiros ainda encarnados que, sendo Discípulos derradeiros do Evangelho Redentor, têm ainda três anos para enfrentar o Terceiro Milênio. Que tem sido feito dos nossos corações? Que temos aprendido na impossibilidade de imitar os gestos de Jesus? Temos completamente a razão do fim do século. Estendi a mão aos paralíticos. Temos dado a mão àqueles que por vezes escorregam? Procuremos, meus amigos, verificar tudo o que temos feito, procuremos verificar o que trazemos no coração para que um dia possamos nos considerar Discípulos de Jesus. Porque na realidade nós aprendemos a amar muito. Nós nos despedimos desejando a todos os corações muito amor e muita paz."

27

FRATERNIDADES

O Trevo nº 278 (ago/97)

Na Terra ou no Espaço, fraternidades são agrupamentos maiores ou menores de pessoas interligadas aos labores do Bem, vinculadas ou não a bandeiras religiosas ou filosóficas. O que menos importa é se os Arautos do Bem são budistas, cristãos, hinduístas, judeus ou muçulmanos. O que importa, isto sim, é a capacidade que cada um tem de servir, com amor, na infinita obra da Criação.

Todavia, segundo entendemos, as fraternidades não são organismos homogêneos, porque as pessoas que as compõem se diferenciam pelos mais variados graus de conquistas intelectuais e morais, embora inflamadas do mesmo ideal. Consequentemente, e de forma bem natural, geram-se hierarquias com lideranças e liderados.

A Nossa Fraternidade

A Fraternidade dos Discípulos de Jesus (FDJ) não foge à regra: O considerável número de pessoas que desde os anos 50 vem ingressando nessa irmandade, pela Federação Espírita do Estado de São Paulo e pela Aliança Espírita Evangélica, também não forma um todo homogêneo, em virtude da variedade de valores espirituais conquistados pelos seus componentes nas peregrinações reencarnatórias.

O ideal de servir o Cristo é comum, porém, uns caminham mais à frente, outros pelas linhas intermediárias e outros nas fileiras da retaguarda. Fenômeno semelhante ocorreu no quadro dos apóstolos.

Elegemos o Sermão do Monte por estatuto de nossa conduta moral, todavia poucos devem ser os Discípulos que se aproximam das linhas de frente, pois aqueles que já conseguem vivenciar as bem-aventuranças prometidas por Jesus em Seu famoso Sermão são flores raríssimas nos jardins de Sua Seara.

Seriam aqueles que, onde se encontrem, à semelhança de Chico Xavier, Bezerra de Menezes, Francisco de Assis, Ghandi e outros, são capazes de despertar nas pessoas sensações de paz e alegria que excedem ao entendimento; seriam aqueles cujos verbos, além do poder de síntese e fixação de sábios ensinamentos, são jatos de magnetismo de amor suficientes para envolver ambientes e pessoas, despertando-as para a Glória de Deus e para os valores da Vida Imortal.

Nós, porém, servidores das linhas intermediárias ou da retaguarda, ao ingressarmos na Fraternidade, foi como se houvéssemos apresentado a Jesus apenas uma carta de boas intenções e Ele, em Sua bondade e misericórdia sem limites, concedeu-nos votos de confiança. O Mestre sabe que, embora ainda não irradiemos o magnetismo de amor, próprio dos Discípulos mais avançados, temos boa vontade, somos idealistas, amamos o Bem e desejamos tornar melhor este mundo. Todos nós fazemos o que sabemos e o que podemos, cientes de que a obra infinita da Criação não se faz sem o trabalho dos servos de todos os graus evolutivos.

Em nós as virtudes ainda estão em fase de gestação e precisam ser obstinadamente exercitadas, até que se tornem indeléveis nos registros de nossos subconscientes, passando, então, a se expressarem por impulsos automáticos, em atos de amor aos semelhantes e a toda Natureza, a exemplo do que já ocorre com os Discípulos mais avançados.

Nossos pensamentos, nossos desejos, nosso verbo e nossos atos, se comparados a glebas de semeaduras, ainda não estão totalmente limpos das ervas daninhas do egoísmo, orgulho e sua nefasta prole. Consequentemente nossa fé e nossos esforços de Reforma Íntima, não raro, se ressentem de crises de inconstância e instabilidade, com altos e baixos, o que nos torna necessitados de frequentes reavivamentos espirituais, exercícios de vida plena, dedicação ao trabalho e muitas orações.

Precisamos vencer o hábito de usar nossas mentes como um mero depósito de informações, exercitando o discernimento e o bom senso sobre tudo que lemos, vemos e ouvimos. Nosso reavivamento espiritual não dispensa o retorno às leituras que nos recordam os exemplos de um

Paulo de Tarso, um Estêvão, um Bezerra de Menezes e tantos outros campeões das lides evangélicas.

Concluindo, permitam-nos este apelo: Discípulos portadores de patrimônios espirituais, maiores ou menores, entrelacemos nossas experiências em encontros periódicos, seja em nível de Grupo Integrado ou de Regional, a fim de nos aprimorarmos, reavivando a chama de nossa fé, banhando-nos na troca de vibrações fraternas, tornando a nossa FDJ mais forte e homogênea.

28

FRATERNIDADES DO ESPAÇO

O Trevo nº 278 (ago/97)

No preâmbulo do Autor é feita uma "solicitação aos Discípulos, companheiros, irmãos de crença e de destinação que tenham, por qualquer motivo, se afastado das atividades cristãs, para que voltem ao aprisco do Divino Pastor, nosso Mestre Jesus Cristo, pois que as alegrias das tarefas felizes e dos deveres bem cumpridos devem ser partilhadas por todos os Servidores, com humildade e reverência, em qualquer tempo e sem temores (...)".

O conteúdo deste opúsculo é muito interessante e útil para as nossas aprendizagens, principalmente para os alunos das EAEs, a fim de compreender a razão da inclusão dos nomes das Fraternidades do Espaço durante as nossas orações nas preparações dos nossos ambientes e trabalho nos Centros Espíritas. Este assunto também é útil para todos os cristãos, para compreender melhor as vivências no mundo espiritual e ainda para se dar conta de particularidades entre o mundo espiritual e o material.

Logo no início, Armond, com felicidade, define o que seja Fraternidade. Fraternidade que Jesus veio nos trazer e que a humanidade até hoje não compreendeu e não pratica, infelizmente. Edgard Armond afirma que é um absurdo não viver fraternalmente. Isso ocorre porque ainda estamos muito ligados aos instintos de animalidade. Ensina-nos que as Fraternidades não são mitos, entidades sobrenaturais, ou superstições de fanatismo religioso, mas são, sim, grupos coesos, firmes e conscientizados de trabalhadores integrados nas hostes aguerridas que obedecem à direção redentora de Jesus Cristo. Conhecer algo sobre elas só pode fazer bem para todos.

Valoriza a família, embrião da Fraternidade, evoluindo para a família cósmica, a humanidade inteira, fazendo-nos sentir parte integrante da humanidade. Abomina o materialismo. Afirma que a evolução justa se processa nas esferas do pensamento espiritual, não nas do intelectual. O ideal é o equilíbrio entre ambas as esferas.

Edgard Armond, neste opúsculo, nos dá subsídios valiosos e importantes, evidenciando o quanto as Fraternidades do Espaço, do Plano Espiritual Superior, colaboraram e ainda colaboram para a Fraternidade dos Discípulos de Jesus, a Aliança Espírita Evangélica e as Escolas de Aprendizes do Evangelho, desde os anos 40, na Federação Espírita do Estado de São Paulo.

Armond nos informa que a atuação destas Fraternidades nos nossos ambientes não são permanentemente duradouras. Parece que elas se revelam segundo a natureza das necessidades dos ambientes dos trabalhos e das vivências espirituais. No item 7 deste opúsculo, Armond enfatiza a ajuda que as Fraternidades do Espaço prestaram à organização e ao funcionamento da FEESP, até atingir o ponto alto e de relevo social e doutrinário observado até 1967.

Mas, a partir de 1973, elas foram se reunindo novamente em torno da Aliança Espírita Evangélica, como preciosos elementos de auxílio, sobretudo por se tratar de uma instituição de natureza essencialmente religiosa, dedicada à testemunhação positiva dos ensinamentos de Jesus, através da Reforma Íntima. Isto é bom para a conscientização de todos nós que perlustramos os bancos das Escolas de Aprendizes do Evangelho, dos que estão perlustrando esses bancos e, também, para o bem dos irmãos que ainda haverão de perlustrar os bancos da EAE.

Nas observações iniciais, Armond nos ensina detalhes interessantes a respeito das Fraternidades. Por exemplo: “Além destas Fraternidades existem no nosso plano espiritual outros grupos de servidores de outros orbes que dão franco apoio ao setor de evangelização”.

29

AOS INICIANTES NA REFORMA ÍNTIMA

O Trevo nº 281 (nov/97) Gitânio Fortes

Quando se fala em Reforma Íntima, o que imaginamos: Uma transformação repentina, que permita uma ascensão espiritual em velocidade acelerada? Um processo que cabe apenas a poucos eleitos, capazes de se aperfeiçoar? Uma proposta que exige dotes de intelectualidade próxima à Academia? Não, não e não são as respostas a essas perguntas.

A Reforma Íntima tem como consequência inevitável o aperfeiçoamento espiritual. Mas isso não se verifica aos saltos. Mesmo porque, quando se trata de ir a fundo nos sentimentos, estes que determinam de fato a situação espiritual de cada um, não é uma análise superficial de novas atitudes e comportamentos que pesam exclusivamente. Mas o que motiva os atos, o sentimento autêntico por trás do pensamento. É a *"limpeza do coração"*, a que se refere Jesus de Nazaré no Sermão do Monte.

Vontade sincera — Podem participar do processo de Reforma Íntima quaisquer pessoas que nutram o desejo sincero (e busquem concretizá-lo nas suas vivências e sentimentos) de atingir o estágio de um ser humano espiritualizado. Para isso, vale o sentimento, como não se cansam de ensinar os instrutores espirituais. A inteligência e a sua capacidade de facultar conhecimento são complemento. Não há qualquer pré-requisito quanto à escolaridade para trabalhar na Reforma Íntima. A única condição é a vontade sincera do *"coração"*, aqui representando a fonte dos sentimentos.

Cingidos pela vontade, é hora de observar um roteiro para a empreitada, que consiste basicamente de quatro frentes na abordagem da Aliança Espírita Evangélica, em sua *"Iniciação Espírita"*: Auto-conhecimento, Trabalho e Cuidado com o Corpo, Analisemos cada um deles, de trás para a frente.

Ferramenta para a nossa manifestação, o corpo físico tem de ser respeitado na medida em que, quanto melhor for o seu estado, mais adequadamente se presta a nós, Espíritos imortais. Por isso, no primeiro ano da Escola de Aprendizes do Evangelho se executa um trabalho intenso quanto aos chamados vícios corporais: fumo, bebida, jogo,... Se o Aprendiz ainda não tiver força para superá-los, com autocontrole e atuação intensa da vontade, é sinal de que, dentro da proposta da EAE, ainda não há condição de um trabalho mais profundo. Comparando: uma sonda que não consegue perfurar as camadas superficiais da terra pode adentrar as regiões mais profundas, onde o solo é muito mais compacto?

Exercício de fraternidade — O trabalho tem uma importância fundamental. O estar disponível, de forma desinteressada, exercita a todos no campo da fraternidade. O contato com o próximo permite comparações, reflexões e constatações utilíssimas para o processo da Reforma Íntima. A Casa Espírita deve funcionar como um laboratório do Bem, em que todos se unam pelo ideal comum. Muitas vezes, essa atuação no ambiente do Centro pode suscitar uma série de culpas: Sou *"bonzinho"* na Casa Espírita, mas desagradável com meus familiares... Simpático no Centro, mas com dificuldades de relacionamento no trabalho, na escola... Esse sentimento de culpa não se justifica. Se o Centro é um laboratório, e laboratório protegido por fraternas equipes espirituais, é natural que a bondade prevaleça nesse ambiente. Somos como que constrangidos a uma atitude mais benévola. Importante é estar sempre atento para trazer, aos poucos que seja, essa disposição a todos os ambientes que frequentarmos. Se nem tentarmos, aí sim haverá responsabilidade nossa em atitude que se abeirará da hipocrisia.

A busca do conhecimento é uma constante para quem está no processo da Reforma Íntima. O conhecimento, entendido como procura de compreensão das leis espirituais, amplia a lucidez, multiplica a possibilidade de experiência e prepara para as mais diversas atuações. Conhecer fortalece o Espírito. Conjugado ao trabalho então, é capaz de potencializar uma gama enorme de realizações no Bem.

Auto-conhecimento, a base — No autoconhecimento está a base da Reforma Íntima. Sem conhecer a mim mesmo como posso identificar as potencialidades adormecidas para o Bem? Como identificar defeitos, circunstâncias que impedem a ascensão espiritual? Curioso que, neste mundo de transição, em especial no Ocidente, é justamente essa ponta da Reforma Íntima para a qual não somos estimulados nas situações do cotidiano. Somos bombardeados por alertas sobre a necessidade de cuidado com o corpo. A importância do trabalho muitas vezes nos é posta para a nossa própria sobrevivência. Sem conhecimento, nos sentimos diminuídos. Mas de autoconhecimento pouco se fala. Apesar da antiga filosofia grega ter influenciado o pensamento atual, a recomendação repetida por Sócrates, *"conhece-te a ti mesmo"*, parece perdida. Por isso a Escola de Aprendizes do Evangelho enfatiza esse campo, em geral preterido no cotidiano.

A EAE retoma instrumentos da Fraternidade Essênia: o Caderno de Temas e a Caderneta Pessoal, ferramentas que nos ajudam a refletir, adentrar no nosso mundo interior, propiciando condição suficiente para nós enxergarmos em relação a todos os sentimentos que identificamos. A Vida Plena nos remete às primeiras comunidades cristãs, em que os adeptos do Evangelho se *"confessavam"* entre si, aproveitando os relatos de outrem não para saciar a curiosidade nem se informar sobre a vida alheia, mas para, da experiência do outro, refletir como se está naquele instante com relação ao assunto tratado.

Nesse trabalho de autoconhecimento, o Comandante Edgard Armond dá uma recomendação valiosa em seu livro *Guia do Aprendiz*: que todos busquemos montar um quadro de nossos vícios e defeitos. Mais importante: que busquemos atuar por onde sentirmos mais *"facilidade"*. Exemplificando: se identificar em mim o egoísmo em tantas circunstâncias, por que não começar por atacá-lo no vício do fumo, muitas vezes um prazer egoísta, no qual se repetem os casos em que apenas a vontade é suficiente para eliminá-lo?

Virtude em prática — Dessa constatação infere-se que a Reforma Íntima, mais até que *"eliminar"* defeitos, leva à prática das virtudes.

Percorrendo o nosso interior, como preconizou Santo Agostinho em *O Livro dos Espíritos*, observam-se as virtudes *"em dormência"*. Identificadas, essas virtudes podem nos auxiliar a vivenciar novas experiências no Bem. Mais virtuosos também estamos *"abafando"* o mal. Por isso o apóstolo Paulo dizia que: *"O Amor cobre a multidão de pecados"*.

Uma sugestão de reflexão para o futuro ao iniciante em Reforma Íntima um futuro, aliás, não tão distante assim. Encerrada a Escola de Aprendizes do Evangelho, estamos "formados" em Reforma Íntima? Evidentemente que não. O processo prossegue até atingir um ponto em que não mais teremos defeitos e vícios da animalidade. Mesmo aí, o progresso não cessará. Talvez não tenhamos mais necessidade de "Reforma Íntima", e outros termos ocuparão nossas mentes, como "Escala Ascensional", "Aquisições Espirituais"...

30

DISCÍPULO DE JESUS... É AQUELE QUE SE SUBLIMOU NA GLÓRIA DE SERVIR*

O Trevo nº 281 (nov/97) Abner Klarosk

Quarenta e cinco anos já vão se passando desde que a Fraternidade dos Discípulos de Jesus foi inaugurada com a adesão dos primeiros Servidores que concluíram a primeira Escola de Aprendizes do Evangelho, após seu período probatório.

Foi o momento memorável em que diversas outras Fraternidades se fizeram presentes, referendando tão alto regozijo pela extensão da Fraternidade do Trevo, com a ramificação no mundo material.

Quando se fala em Fraternidade, logo imaginamos uma legião de Espíritos abnegados, que, trabalhando em grupos harmoniosos, realizam as tarefas na grande seara do nosso Mestre Jesus, numa aliança de sentimentos e ideais.

Possuímos latentes todos esses atributos, Espíritos que somos. Formamos aqui na Terra, no mundo dos encarnados, uma legião de espíritos com um ideal de servir, cabendo a cada um dos integrantes dessa Fraternidade o cumprimento do compromisso firmado conosco mesmo na presença do Divino Mestre: em nos "transformarmos em um elemento vivo de sua exemplificação em todos os atos da vida e dar, como seus Discípulos, o testemunho que for exigido no terreno da fé, da humildade, da perseverança e do devotamento aos semelhantes, para fazer cumprir a Lei Maior de amar a Deus sobre todas as coisas e ao próximo como a nós mesmos".

Esse comprometimento será bem mais fácil de ser atingido se nos comportarmos como uma verdadeira família em Jesus, reunindo-nos fraternalmente em busca de vibrações amorosas de nossos mantenedores, primeiro da Fraternidade do Trevo, com a qual estamos diretamente

*Frase de Edgard Armond.

ligados e com as demais que referendaram essa grande missão, nos acolhendo como verdadeiros Discípulos de Jesus.

Vamos fazer nossa uma das proposições emanadas da Reunião dos Discípulos de Jesus da sede do Centro Espírita Irmão Timóteo em 8 de maio de 1981: "uma vez a cada três meses será oportuna, em cada centro, reunião, a fim de congregar em ambiente fraterno todos os Discípulos da Casa".

Coloquemos em meta essa proposição, agendando como compromisso de cada núcleo fraterno essas reuniões, nas quais, além de sentirmos de perto nossos irmãos, possamos irmanar nossos sentimentos de verdadeiros cristãos em busca do grande ideal em servir.

31

MENSAGEM DE RAZIN PARA A FRATERNIDADE DOS DISCÍPULOS DE JESUS

O Trevo nº 281 (nov/97) Anexo

(Mensagem recebida pelo médium Divaldo Pereira Franco, em São Paulo, no dia 22 de abril de 1954; presentes: José Gonçalves Pereira, Carlos Jordão da Silva e Comandante Armond)

Companheiros de Coração!

Meu querido Edgard!

Como o lírio medra, do seio generoso da terra, emergindo, a fim de aspirar a grandeza dos céus e perfumar em derredor, nós emergimos do fundo dos templos, do seio acolhedor do conhecimento e da sabedoria, para perfumarmos, nos dias de hoje, com a grandeza do sentimento, a humanidade que gira em torno de nós.

Do silêncio dos templos herméticos, do fundo das doutrinas esotéricas, emergimos agora no seio amoroso da comunicação espiritual, para trazer à massa ávida, sempre necessitada, a Verdade — essa grande luz — que, através dos tempos, vem se empenhando na luta titânica pela conquista do cetro da imortalidade da vida, no seio acolhedor da terra que nos serve de berço e, para nosso corpo, de túmulo!

A Fraternidade é, certamente, dentro dos anos e dos séculos, um dos mais profundos marcos do conhecimento e da virtude, que se vem desdobrando desde os primeiros gritos do sentimento de fé e da penetração do homem nos grandes arcanos do eterno até os nossos dias, ampliando as suas possibilidades e criando novos elos de ligação universal, para que o Espírito do Supremo Idealizador do mundo possa, sobrevivendo em todos os tempos, gritar a nossas vidas e tornar-nos archotes vivos, em demanda da eterna glória de viver no Seu regaço de felicidades indescritíveis!

Nos dias de hoje, a Fraternidade é um rebento de Luz, na grande treva desta noite de inquietação. A Fraternidade desdobrada é o amor generalizado.

Antes, congregávamo-nos no seio dos templos de pedra, buscávamos a alegria gloriosa nos altos montes tibetanos e, sob a abóbada misericordiosa dos céus, no seio feliz do Himalaia longínquo, ou na alegria dos templos imortais do Egito, ou na gloriosa Caldéia distante, ouvíamos a voz de Brahma, a palavra de Siva, o grito de Mon, ou a misericórdia de Deus, nas suas múltiplas manifestações, no silêncio secreto das meditações profundas, abeirando-nos da chama viva do fogo, o poder do Criador indestrutível.

Hoje, o nosso templo é o amor, é o dever, é a bondade, é a disciplina, para que a ordem, no seio da coletividade em que vivem os homens, possa ser o estandarte básico onde se assentem os fundamentos das novas gerações que virão mais tarde.

Antes, falávamos àqueles que haviam despertado para a vida do espírito e que puderam adquirir a primazia da verdade no seio grosseiro dos cultos para, nas tradições orais, levarem a palavra do grande Deus através dos tempos, até a hora gloriosa da imprensa, até os dias imortais do seu trabalho ativo.

Hoje, a palavra do Mestre da Galileia, o glorioso Rabino de Israel, cada um de vós outros, irmãos bem amados, sois o Evangelho vivo, o arqueiro de Luz a iluminar as trevas que vos seguem de perto ou que vos circundam, no seio das mais gloriosas vibrações siderais ou nos recantos mais grosseiros das vibrações selvagens de animalidade primitiva.

E é por isso que defrontais com a dor e o cardo, o espinho e a dificuldade, no seio glorioso da academia terrestre, em cujo lugar encontrastes o banco amigo para a vossa iniciação apostolar, de evolução e de serviço.

Tenho acompanhado de perto todas as realizações da "Fraternidade dos Discípulos de Jesus", no seio amigo da Casa que nos reúne, sob a generosidade de Bezerra de Menezes, o apóstolo da Fraternidade.

E é com alegria, com aquele júbilo inocente da criança feliz, que vos digo de coração: algo há já realizado. Pode-se quebrar a coluna terrível do eu, destruir-se o alicerce marmóreo do personalismo, para abrir as portas de Luz a quantos, ávidos das misericórdias do Céu, deambulam atrás de nós na romagem evolucionista!

Na casa dos quinhentos, em memória do último dia da Galileia, nós prepararemos na iniciação primária os candidatos à Verdade. Solicitar-lhes-emos de pronto o exercício da luta, na dualidade do bem e do mal, para que o primeiro vença aquela e o homem se liberte do animal; para que o Espírito conquiste a fera que existe dentro dele e, depois de domá-la, parta feliz para o lar bendito dos setenta, aqueles que ouviram de mais de perto o "Ide e Pregai", onde então atingirão os primeiros sentimentos de dar sem saber porque dão; do servir sob a bênção e alegria de servir, sintonizar de perto com as vibrações melhores e nas delicadas vibrações coloridas do bem, da virtude do sentimento, marcharem o próximo degrau da perfeição, no colégio apostólico dos doze Discípulos, em cujo seio a palavra do Senhor se manifestará mais tarde, chamando-os de bem amados e elegendo-os escolhidos para as tarefas mais difíceis, onde aqueles que estiverem escravos do pecado, ou os que não estiverem exercitados no sacrifício, não poderão pugnar, porque serão vencidos e derrotados nas primeiras instâncias da luta!

Essa iniciativa, queridos companheiros e Discípulos do coração, foi iniciativa do mais Alto.

A nossa estrada foi aumentada. Fomos experimentados em longa década de oportunidades e de lutas, de ascensões e de quedas, no conhecimento da psicologia humana e na penetração da vida psíquica, através da generosidade daqueles que foram eleitos intermediários para a recepção das páginas de além-túmulo e o aprendizado de nós mesmos, na verificação do caráter de cada um e na observação da fidelidade com que a palavra do Senhor chegava até os órgãos dos sentidos dos médiuns e deles até nós outros.

Depois dessas experiências em que a Luz do Senhor nos apresentou a realização do trabalho, sentimo-nos mais fortificados para iniciar uma outra jornada — e essa jornada é ampla. Com as "Fraternidades" espalhadas por todo o globo, iremos sintonizando daqui, estabelecendo fronteiras magníficas, donde nossa humilde voz, sob a direção sublime de Hilarion, irá irradiando o sol da Verdade para toda a terra banhada do Evangelho do Cristo, sob a Presidência do Supremo Pai, o Arquiteto Eterno das necessidades do Universo. Daí a necessidade de não esmorecer, de porfiar até o fim, de não tergiversar nem recear!

A abóbada celestial derrama messes misericordiosas de luzes sobre as almas dos que se congregam com o desejo sincero de, na pedagogia do saber, aprender a lição da vida.

Com ânimo, pois! Seguiremos convosco e o grande Criador conosco!

Marcharemos ao vosso lado, como o caravaneiro que não teve medo do simum. Quando, distante, o grande grito de guerra das areias se ergueu, ele se curvou sobre a terra que trepidava, para que o chicote do vento lhe açoitasse o pó e fosse passando, para cobrir as camadas de areia que as precederam! Entretanto, vede bem, o caravaneiro que se dobra diante da inclemência do deserto se dobra, mas não fica inativo! Se permanece inativo é soterrado! Movimenta-se para flutuar sempre!

Quando a tempestade das areias do deserto do mundo açoitar contra vós outros, curvai-vos porque a árvore que não se dobra diante do vento é arrancada e lançada longe! Curvai-vos, mas nunca permaneçais inativos! Movimentai-vos na direção que for possível; agi segundo as circunstâncias momentâneas, e o pó irá caindo sempre sobre vós, apesar de vir de sob vós e estareis à tona para, cessada a tormenta, reiniciar a jornada, deixando novas pegadas, e demandar o Oásis bendito, onde sacudireis o albornoz e reclinareis a cabeça cansada no dorso amigo da relva e vos dessedentareis na fonte da sabedoria infinita, que é a água bendita da Verdade, onde repousareis!

Ide, pois, companheiros! A Fraternidade vos chama para salvar o mundo o que ainda for possível do mundo salvar! A Fraternidade em cada um de nós é um elo gigantesco, que deve ser fortificado porque, sabeis, a corrente não será, jamais, mais forte do que o seu elo mais frágil!

É mister que todos nós sejamos, cada um em si mesmo, poderoso elo, para que a corrente, na sua grande unidade, seja uma força poderosa, capaz de resistir a todos os embates, formando, na eloquência, uma sintonia de forças semelhantes, que se agregam no mesmo polo positivo de verdades siderais!

Marchai pois! O horizonte imenso se alarga ao sol da revelação. E o Espiritismo, na hora presente, coletânea dos princípios sagrados das doutrinas fechadas no profundo dos templos, é a esperança maior, na alegria misericordiosa dos ensinos benditos do Homem que morreu por amor, do Homem que recebeu a palavra de Hilarion e que emergiu do mundo, na eloquência grosseira de uma cruz, para salvar a Humanidade do caos!

Erguei-vos também vós outros! As vossas cruzes serão dificuldades e trevas, derramando o desespero. Mas também, igualmente ouvireis, no vosso "Lama Sabactâni" depois de tudo, a misericórdia do Senhor dizer: Tudo está terminado! Sim, mas agora penetrais na nova vida, onde tudo se vai iniciar sob novos aspectos. E ao cântico eterno, aos harpejos sagrados da esperança, na grande orquestração da felicidade, marchareis ditosos, abraçados, porque enlaçados uns aos outros, vereis se destacar no imenso do infinito o símbolo ditoso: Com este sinal vencereis. E a cruz das vossas dores, a cruz das vossas lágrimas, a cruz dos vossos sofrimentos, vos terá erguido até os pés sacrossantos d'Aquele que simboliza para nós a própria vida e que é para nós a própria vida!

Meus amados irmãos! Seja em vossas almas a Paz aquecida pelo fogo da vida, iluminada pelas centelhas do amor e irmanada pelos elos da Fraternidade do Senhor!

Vosso Irmão, Razin.

32

AOS DISCÍPULOS DE JESUS

O Trevo nº 284 (fev/98) — Anexo Edgard Armond

No desempenho de suas tarefas os Discípulos têm vários assuntos a preocupá-los, dentre os quais destacamos os mais importantes, que são os seguintes:

Difusão das Verdades Evangélicas

Somos todos membros da Aliança e trabalhamos para sua mesma finalidade, que é justamente esta, a saber: esclarecer espiritualmente o maior número possível de pessoas e expandir o cristianismo verdadeiro, cuja meta fundamental é a redenção da humanidade.

O Discípulo deve agir como porta-voz do Divino Mestre, divulgador de seus ensinamentos redentores e isso ocorre dentro da tarefa maior da Fraternidade dos Discípulos de Jesus, que é se transformar, com a Aliança, em poderosa coluna de sustentação do Espiritismo religioso em nosso País.

Os Discípulos, agindo com eficiência e devotamento no seio da sociedade, serão valiosos cooperadores e artífices desse grandioso empreendimento espiritual.

Esclarecimento Espiritual

Apoiando-se na estrutura da própria Doutrina Espírita, que comporta a existência de diferentes setores de opiniões ou preferências (aparentemente divergentes, mas solidários entre si na unidade da Codificação) e que se manifestam ora na forma, ora no fundo e nos modos diferentes de crer e de interpretá-la: uns preferem o esforço mais suave, alegando que o próprio Mestre o recomendou quando diz: "o meu jugo é suave e o meu fardo é leve"; outros, melhor inspirados, optam pelo esforço mais intenso, na esperança de se purificarem mais depressa e mais depressa se libertarem de seus débitos e inferioridades pregressas.

Entre outras razões e para, justamente, fugir desse regime de opiniões de caráter pessoal é que se criou a Aliança Espírita Evangélica em 1973, concentrando-se na parte religiosa todas as atividades daqueles que podem se colocar acima das flutuações e instabilidades meramente humanas e materiais.

Optamos nessa ocasião pela adesão plena e integral aos ensinamentos do Divino Mestre certos de que abraçávamos o mais elevado e o mais verdadeiro dentre os valores humanizados e divinos.

O trabalho do Discípulo, quando bem executado, é difundir a verdade espiritual e dar-lhe testemunho com seus próprios pensamentos, sentimentos e atos, isto é, dar testemunho de si mesmo, mostrando como se pode conseguir a Reforma Íntima e a consequente espiritualização pela vivência evangélica pura e simples, sem ostentação e com alto sentido de humildade, buscando sempre, sob a vigilância da própria consciência, testemunhar pessoalmente esses ensinamentos redentores.

Servir

Às pessoas ou comunidades junto as quais agir, deve o Discípulo oferecer também, como um samaritano, seu precioso concurso, ouvindo, aconselhando, servindo em tudo que possa, para que não seja unicamente uma boca que fala e promete.

Não deve se esquecer, entre outras coisas, de divulgar o Evangelho no lar e a "Vibração diária das 22 horas" e mostrar como fazê-lo em ligação direta com os companheiros da Fraternidade dos Discípulos de Jesus, salientando o imenso contingente de forças benéficas que esse trabalho e essa vibração oferecem a todos que a executam. Nessa mesma atividade samaritana deve atender doentes no local ou encaminhá-los a grupos de trabalhos de cura espiritual organizados mais amplamente, deixando assim nos corações, ao retirar-se, amplos e valiosos recursos de consolação e de novas esperanças de vida melhor.

E por muitas outras maneiras pode agir para o bem dos semelhantes, inclusive e sobretudo no combate aos vícios e defeitos morais deprimentes como, também, defender a sobrevivência da família cristã, setor fundamental da sociedade, mas atualmente em franca e desoladora desagregação. Tudo isso se enquadra na ação evangélica e concorre a tornar meritório e de êxito seguro o trabalho do Discípulo.

É comum e natural que os Discípulos, no início de suas atividades, não saibam como agir mais acertadamente, mas terão no Evangelho uma indicação clara e simples do próprio Divino Mestre ao despedir aqueles que iniciavam a primeira jornada pública de propagação dos seus ensinamentos redentores.

Não se preocupem com custosas preparações e ofereçam as palavras de salvação a todos os que desejarem ouvi-la. Quando entrarem nas residências procurem servir ensinando as verdades que, como Discípulos, já conhecem, esparzindo as bênçãos do Pai Criador para que, ao partir, permaneçam ali novas esperanças espirituais e as luzes santificantes do Evangelho.

Mas se forem mal recebidos abandonem a casa e "sacudam à porta a poeira dos seus sapatos", prosseguindo calmamente sua jornada e buscando corações mais sensíveis às palavras da redenção.

E busquem confiadamente a fraternização.

Fraternização

Como Discípulos conscientes e membros de uma fraternidade ligada, até pelo título, ao Divino Mestre, estão vinculados à fraternização universal e, justamente sob o impulso poderoso dessa inspiração, é que diariamente nos reunimos em nossos lares para realizar a referida vibração pelo bem universal que efetuamos como um ato de amor para o bem dos nossos semelhantes em geral.

Em sua tarefa no seio do povo, inúmeras são, da manhã à noite, as oportunidades que se oferecem aos Discípulos para fraternizarem com o próximo, ávido sempre para encontrar em suas vidas, tantas vezes amarguradas, conhecimento de verdades novas e mais legítimas e realidades mais completas, confortadoras, objetivas e mais concordantes com os aspectos e as circunstâncias dolorosas da vida moderna, com seus desajustes profundos, suas ansiedades e terríveis desenganos.

Por outro lado o Evangelho do Mestre torna-se hoje em nossos meios, mais que nunca e com forte evidência, o melhor caminho que podemos encontrar para evoluir mais depressa e mais depressa nos desprendermos deste mundo de provas e expiações.

Vivemos numa época difícil em que os valores, inclusive os religiosos, são desprezados e substituídos por outros mais modernos e sofisticados, que são uma expressão clara e adequada do desvario e da degradação da vida humana em que quase todos os seus setores e, mais que isso, época em que os horizontes se ensombram com a aproximação do período dramático do selecionamento espiritual da humanidade.

Temos assim uma oportunidade rara e feliz de nos colocarmos à disposição do Plano Espiritual Superior para a execução dos planos elaborados que visam ao selecionamento dos valores espirituais dignos da próxima formação humana planetária, cujas marcantes características serão as virtudes cristãs, o apuramento mental e a elevada capacidade de devotamento pelo amor ao próximo.

Encarando a situação dentro destes parâmetros concluímos que aos Discípulos cabe agradecer humildemente a Deus viverem numa época tão difícil, porém, por isso mesmo, tão gloriosa e decisiva, em que se apuram nos planos divinos os elementos humanos evangelizados que dignificam a criatura humana. E só então poderão medir o valor transcendente da Escola de Aprendizes do Evangelho, que evangeliza e prepara os Discípulos para os testemunhos redentores, e desta Fraternidade dos Discípulos de Jesus, que os recebe em seu seio, lhes fornece apoio e possibilidades de colaboração preciosa com o Divino Mestre nas atuais condições sombrias e negativas da Terra.

Agradeçamos a Deus esta oportunidade e façamo-nos dignos dela; colhamos os frutos que oferece e apressemos assim a nossa evolução espiritual.

Para nós que viemos de um passado escuro, mais que tudo de violência e instinto e nos encontramos onerados com graves dívidas a resgatar, o esforço a fazer deve ser intenso e profundo, para termos êxito nas tarefas; mas a misericórdia de Deus se faz também presente nesta hora, nos permitindo contar com o auxílio poderoso dos irmãos do Plano Espiritual, que nos auxiliam em todos os sentidos; nestas condições, não há vacilação justificável e tudo deve ser feito com confiança e bom ânimo.

Assim conseguiremos polir as arestas e purificar o perispírito, dando-lhe cores claras e brilhantes, que é com as quais conseguiremos passar para a "direita do Cristo" no julgamento espiritual a que seremos todos submetidos em breve tempo.

Quando as sombras cobrirem a Terra por toda parte e o sofrimento transbordar sem remédio nem recurso algum material, dominarão os valores espirituais e, então, os Discípulos, que se sacrificaram e conseguiram um grau satisfatório de evangelização, fulgirão como lâmpadas nas trevas e ao seu redor se aglomerarão os infelizes e necessitados, desorientados e carentes de imediato auxílio; e a estes, como a todos os demais, cabe esclarecer, consolar, proteger e encaminhar para as hostes que seguem o Cristo e dele esperam a salvação prometida.

Os Discípulos serão os olhos e os braços do Cristo no socorro, na consolação e no encaminhamento dessas levas de infelizes descrentes e desesperados.

O Cristianismo Primitivo nos seus três primeiros séculos marcou sua influência decisiva na orientação religiosa de grande parte do mundo antigo e muito concorreu para sua aceitação pela posteridade; foi criado pelo amor do Mestre e consolidado com o seu doloroso sacrifício e o devotamento e a fé daqueles que deram suas vidas por ele e asseguraram sua vitória contra a dominação do paganismo oficial, material e desumano, a cuja frente se colocavam os reis e imperadores da época.

Esse sacrifício dos primeiros Discípulos e seguidores assegurou também sua permanência até nossos dias, apesar dos desviamentos inevitáveis e da dominação religiosa dogmática que perdurou por vários séculos de obscurantismo religioso, mas que agora, com o advento do Espiritismo, que revelou verdades mais legítimas e avançadas, está também chegando ao termo.

Por isso, hoje os sacrifícios a pedir aos trabalhadores são diferentes, resumindo-se em compreensão, fé e esperança de uma vida melhor, mais feliz ao alcance de qualquer que deseje sinceramente conquistá-la.

O que se exige é a vivência evangélica, revivendo-se assim o espírito de renúncia e de sacrifício dos primitivos cristãos, que viveram e morreram para que a promessa de redenção oferecida por Jesus se tornasse efetiva e real.

Hoje basta que o desejemos para que possamos ingressar nas Escolas de Aprendizes do Evangelho, que nos burilam o caráter moral, esclarecem a mente, purificam e dulcificam os corações, tornando-nos aptos ao ingresso na Fraternidade dos Discípulos de Jesus, onde vasto e fecundo campo de trabalho nos espera e se abre à nossa frente, permitindo realizações espirituais de imenso valor evolutivo.

Esta década de 80 antecede o período curto e final deste século, quando importantes e decisivos acontecimentos se darão para o progresso espiritual da humanidade (muito embora muitos ainda descreiam disso) e a consequente vitória do Evangelho, como único código moral que consegue reunir em torno de si mesmo, e por força e mérito do próprio conteúdo, todos aqueles que penetrarem fundo na sua elevada e decisiva significação espiritual.

Se já estamos pois integrados nesse benéfico esforço, se já atingimos essa elevada compreensão da vida espiritual, lutemos agora mais firmemente pelo auto-aprimoramento, apurando virtudes já conquistadas, reafirmando dia por dia nossa decisão de nos fazermos dignos desta elevada investidura de Discípulo.

O Divino Mestre mostrou o caminho, deu-nos meios de ingressar nele e a nós agora compete seguir por ele com nossos próprios pés.

33

INICIAÇÃO ESPIRITUAL

O Trevo nº 287 (mai/98)

(Esse tema foi abordado pelo companheiro Milton Gabbai na Reunião de Trabalhadores e Alunos do Centro Espírita Caminhos de Libertação realizada em 15 de março passado. A seguir, alguns pontos colhidos de sua explanação):

As vidas sucessivas têm como objetivo a evolução espiritual. A educação começa a partir da necessidade de sobrevivência. O estudo facilita a vida. Como seres espirituais, o ser humano precisa da explicação das coisas. As Escolas de Iniciação Espiritual surgiram pela necessidade do homem de transformar a si mesmo. É feita em grupo porque a observação de si próprio requer intercâmbio de experiências. *"Ninguém descobre tudo sozinho"*, comentou Milton.

A Iniciação Espiritual é uma escola de educação que transforma a nós mesmos. As escolas iniciáticas antigas se desenvolveram no Egito, Oriente Médio, Índia, Grécia, China, Japão. Jesus com seus 12 discípulos tinha uma relação de iniciação espiritual. Sem o apoio de Jesus os apóstolos se desenvolveriam de forma integral? As reuniões iniciais do Cristianismo, a partir do exemplo dado por Jesus na sua convivência com os apóstolos, priorizavam a Reforma Íntima. Um aprendia com o comportamento do outro. Os apóstolos se respeitavam e eram respeitados pelo conhecimento e experiências. Paulo, na difusão do Cristianismo, também procurava, em ambientes simples, trocar experiências sobre como viver, errando menos.

Institucionalização — As igrejas cristãs, com Roma, passaram a viver uma relação de privilégio até se institucionalizarem. Nesse processo, a iniciação cristã, que era aberta à comunidade, ficou restrita aos sacerdotes. Até o desenvolvimento da mediunidade foi proibido. *"Houve um corte total, sobrou só o sentimento religioso"*, relatou Milton. A pregação se tornou antiquada. Nos séculos 18 e 19 a descrença se alastrou no Ocidente.

Veio a Doutrina Espírita no século passado como esforço do mundo espiritual para dar sentido de vida para o homem. Desde o início o Espiritismo, codificado por Allan Kardec, mostrou ser possível conciliar fé com aspectos científicos e filosóficos. No Brasil, no final do século 19, Bezerra de Menezes desenvolveu o sentido religioso da Doutrina, embora não trouxesse o sentido iniciático. Em 1950 o início das Escolas de Aprendizes do Evangelho, com Edgard Armond, mostrou como o Espiritismo pode ser intensamente utilizado na transformação interior, no processo orientado de Reforma Íntima.

Exemplo antigo — Com desenvolvimento nos moldes dos antigos processos dos egípcios, gregos e hebreus, a iniciação espírita propicia chances ao ser humano de se conhecer, servir como testemunho e se fortalecer pela fraternidade. O ser humano ama a Deus, aprendendo a observar a vida como ela é. Na iniciação espírita foi retomada a noção de que é mais fácil fazer descobertas trocando experiências com outras pessoas, em grupo, de forma aberta. Quando isso ocorre, é possível refazer conceitos, opiniões, decisões.

O dirigente, ao invés de assumir o papel do mestre conhecedor de todas as coisas, se torna elemento facilitador do grupo. Não é um sabe-tudo, mas se iguala a todos, com respeito e compreensão, ao procurar ver a pessoa como ela é e não tentar mudá-la para um determinado jeito. A adoção de um programa de assunto visa facilitar a conversa no grupo. Os recursos da EAE para progresso no autoconhecimento (Caderneta Pessoal, Caderno de Temas e Exercícios de Vida Plena) são individuais, pessoais, não são feitos para o dirigente. O trabalho é estimulado como forma de colocar o ensino na prática. A prece (por meio das Vibrações, Evangelho no Lar, Prece das 22h) é incentivada para valorização do sentido de elevação, reconhecimento de tudo de útil que a vida traz.

Ferramenta — Sem Iniciação Espiritual o Espiritismo se tornaria mais uma doutrina sem proporcionar ferramentas práticas. A EAE não fabrica santos, mas produz conceitos em relação a nós mesmos. Isso não significa simplesmente dizer *"eu não presto"*, mas, ao contrário, indica que todo esforço vale a pena.

O grande problema do Discípulo é a rotina e a acomodação. É preciso haver esforço, valorizar todos os momentos. A bondade genuína não se faz com a *"cabeça"*, mas quando se sente compaixão, se coloca no lugar da pessoa. Com respeito, se entende a pessoa como de fato ela é. A junção desse realismo com bondade é amor, que não existe sem justiça.

34

EXAMES ESPIRITUAIS DA FDJ

O Trevo nº 303 (set/99) Eduardo Miyashiro

(Questão de Cláudia Lopes, do C. E. Alvorecer Cristão, ao Diretor Geral da Aliança)

Pergunta — Com os exames espirituais na prática, tenho tido algumas dúvidas quanto à justificativa para reprovação no quesito estudo. Na hora de justificar o "não" para estudo, fico com a sensação de que não captei corretamente o "porquê". No nosso grupo divergimos quanto às justificativas: "A pessoa não pega nos livros", "o aluno não lê Kardec"... Foi muito interessante uma avaliação em que confirmamos a aprovação de uma aluna, embora se verificasse uma barreira em relação ao estudo identificada. Soubemos depois que a aluna era analfabeta. Conversamos rapidamente a respeito. Não tenho dúvida quanto à aprovação/reprovação, mas acho que está faltando entender melhor o que se está avaliando na espiritualidade, para podermos instruir o aluno no que ele deve aprimorar.

Resposta — Esta questão eu deixei "de molho" durante um bom tempo. Creio que, de tudo o que pude observar nestes últimos anos, poderia resumir o que faz mais sentido para mim nos seguintes itens:

a) um acordo tácito firmado com o plano espiritual é o seguinte: eles não fazem o que nós temos a obrigação de fazer nem nós o que compete a eles;

b) mas o que exatamente compete a eles? Exatamente o complemento do item acima, ou seja, aquilo que nós não temos condição ou recursos de fazer. Creio que nessa categoria podem ser incluídos basicamente o esforço de modificação (item Reforma Íntima), a dedicação e qualidade do sentimento nas tarefas (item Trabalho) e os compromissos assumidos para a vida (ficha reencarnatória);

c) acho que o último item mencionado tem a ver com o estudo. O que nós não temos condições de saber? As provas e obstáculos programados para esta reencarnação. Mas sabemos que Deus concede as condições necessárias para enfrentar os problemas, devendo o encarnado preparar-se. Nos momentos de dor, angústia, provação, incompreensão, somente a fé é recurso de resistência da alma. E, para o espírita, que solicitou entrar em contato com a Doutrina durante sua existência, a fé deve ser raciocinada, para não virar fanatismo ou incredulidade.

Portanto, creio que o item "estudo" é avaliado pelo Plano Espiritual do seguinte modo: se o Servidor que solicita o ingresso na FDJ tem uma pauta de dificuldades previstas para o futuro e não estudou o suficiente para enfrentá-la, eles previnem quanto a isso de modo indireto, solicitando maior preparação nesse campo. Evitam assim apuros para o Discípulo na hora do testemunho mais difícil. É claro que estas são algumas conjecturas pessoais, deduzidas das mensagens dirigidas aos alunos nos exames e carecem de confirmações mais específicas. No entanto, para mim, tudo isso tem uma lógica.

35

DOIS INGRESSOS NA FDJ EM 2000

O Trevo nº 306 (dez/99)

A coordenação da Regional de São Paulo - Capital propôs que no próximo ano haja dois ingressos na Fraternidade dos Discípulos de Jesus, um em maio e outro em outubro. Como o processo de recolhimento de cadernetas pessoais, avaliação, envio da Setorial para a Regional, exames espirituais e devolução demora em média três meses, terá de ser iniciado em fevereiro para a próxima passagem de Discípulos.

Para trocar esclarecimentos sobre esse trabalho foi realizada reunião, na manhã de 17 de outubro, no Centro Espírita Vinha de Luz, para a qual foram convidados dirigentes de turmas que vão ingressar no próximo ano, o diretor de estudos, o presidente das Casas e os avaliadores de cadernetas pessoais das Setoriais.

O companheiro Eduardo Miyashiro abordou a questão dos exames espirituais. Antes comentou uma certa ansiedade que se nota, algumas vezes, em torno do ingresso na Fraternidade. "É necessário rever condutas", afirmou. O processo da iniciação espírita, a exemplo de escolas iniciáticas do passado, segue em graus progressivos. Alunos e dirigentes erram em ver na passagem para a FDJ uma demonstração de algo exterior. Para o aluno, o ingresso é visto como prova de desempenho, para o dirigente, um aval do próprio trabalho, quando, na verdade, o objetivo é propiciar um momento de avaliação interior.

Perspectiva Para a Existência

Nesse ponto, é imprescindível lembrar que o Plano Espiritual traz a contribuição do conhecimento da perspectiva para a encarnação. "É algo que não dá para ver com olhos de encarnados", disse Eduardo. A avaliação quanto ao estudo reflete o planejamento para a existência. Quanto à Reforma Íntima, o esforço de mudança; quanto ao trabalho, o interesse em auxiliar o próximo, seja no Centro ou em outro local.

Antes de 1988, quando houve a regionalização da Aliança, a Secretaria da AEE era a responsável por todos os exames. O grupo mediúnico era integrado por voluntários de muita experiência, alguns deles tendo colaborado diretamente com Edgard Armond. A Regional São Paulo "herdou" esse grupo. O desencarne desses colaboradores levou a Regional a instituir um programa de treinamento constante para os novos integrantes, trabalho que atualmente vem se realizando em reuniões mensais no CEAE Perdizes.

Evitar Falhas

O trabalho do grupo mediúnico é muito específico. "Buscamos estabelecer mecanismos de controle para não haver falhas", informou Eduardo. Repetições, verificações, não-identificação para evitar equívocos são utilizados para esse objetivo.

Foi questionada a entrevista na sala em que os alunos recebem a mensagem da espiritualidade. As perguntas se referem à permanência de vícios, ausência de estudos, desinteresse do trabalho e estacionamento espiritual, sem busca de mudanças. Quando o aluno reconhece problema em algum desses campos, é ele próprio quem demonstra não estar apto para o ingresso na FDJ naquele momento. A responsabilidade não deve ser transferida para o entrevistador.

O processo de ingresso só se encerra com a presença na reunião privativa, em que se assume o compromisso individual do discipulado de forma pública, com pessoas que compartilham o mesmo ideal. Por isso, quem falta a essa reunião deve retomar o processo de ingresso.

Em seguida, foi discutida acaloradamente a definição de critérios para avaliadores de Caderneta Pessoal. Foi relembrado o critério de observar a presença de todos os testes respondidos e a necessidade de manter a frequência das anotações no estágio probatório. Quanto às anotações, o avaliador não deve avaliar o conteúdo em si, mas o que revelam em termos de descoberta de sentimentos.

36

REUNIÃO DA FDJ: "CHEGA DE VACILAÇÕES"

O Trevo nº 306 (dez/99)

Com a participação de 28 pessoas, foi realizada na noite de 16 de setembro reunião da Fraternidade dos Discípulos de Jesus da Regional Sorocaba. Com grande alegria, contou-se com a presença de três companheiros quc se encontravam afastados havia algum tempo. Os participantes se estruturam para que o ingresso dos novos Discípulos seja realizado com a participação ativa do grupo. Foram comentados ainda novos trabalhos, a responsabilidade diante dos compromissos perante Jesus. Ao final da reunião, houve mensagem do Plano Espiritual, através da companheira Marta Rita. Os principais trechos estão reproduzidos a seguir.

"Amigos de Jesus, cada qual sabe exatamente aquilo que deve e pode realizar. A espiritualidade conta com todos os companheiros para programar a virada do sentimento maior, o amor que vai envolver todos os corações que aqui puderem permanecer. Amigos, não existem obstáculos, não existem barreiras, não existem limitações para os Espíritos, obras da Criação.

O nosso pensamento avança, e pode alcançar muito mais do que estamos divisando. Chegou o momento, amigos de Jesus, de começar a arregaçar as mangas, de iniciar a usar as nossas mentes, pensando sinceramente no Brasil melhor, na Pátria do Evangelho, na humanidade vivenciando o Evangelho de Jesus.

Cada qual dentro de suas possibilidades, dentro de sua programação, tem condições de colaborar com a espiritualidade. Chega de desânimo, chega de medo, chega de vacilações. Discípulos de Jesus, o que vai imperar agora e sempre, independentemente de data ou ocasião, é a força mental. As armas serão o posicionamento nas verdades espirituais, a consciência traçando limites, o amor que supera todas as dificuldades e a confiança de quem tem Jesus no coração.

Amigos, a espiritualidade, dentro das necessidades de cada um, veste, suporta, apoia, carrega, enxuga lágrimas. É preciso que nós também façamos a nossa parte. Que tenhamos a coragem de testemunhar em consciência e amor, e romper as couraças que por tantos séculos nos prenderam, nos dispondo a ser cada vez mais livres, caminhando de mãos dadas no objetivo de seguir o Mestre, o governador planetário desta grande morada, que nos dá esta grande oportunidade de aprendizado.

Queridos amigos, avante, embora muitas vezes tenhamos a sensação de que o mundo se acaba. Ao contrário, o mundo está começando a ressurgir. Está começando a conscientização de que o que vale, acima de tudo, não são as posses materiais, mas as vivências planificadas no amor, que as traças não corroem nem o tempo apaga.

Queridos amigos em Cristo, que a luz do Pai Criador de todas as coisas possa envolver a todos, agora e sempre, sem medo nem vacilações, seguindo livre com a consciência voltada para o Universo. Um grande e silencioso abraço a cada um, simbolizando toda a sustentação e apoio necessários. Que assim seja."

37

ALIANÇA E FRATERNIDADE: KARDEC COMO ÂNCORA

O Trevo nº 307 (jan/2000) Eduardo Miyashiro

Que a chama do ideal divino vivifique nosso impulso de amar e servir!

A Reunião Geral também pode ser definida como um momento de Fraternidade. Esta palavra, para nós, tem dois significados importantes.

O primeiro é o sentimento puro que nos irmana.

Reconhecemo-nos filhos do Criador, irmãos da imensa família humana, aprendendo a nos reconhecermos como irmãos ao repetirmos a rogativa inicial da prece ensinada por Jesus: Pai Nosso! Quis o Mestre que aprendêssemos a reconhecer os outros seres como nossos irmãos. Seu bem amado discípulo, renascido séculos depois como Francisco nas paisagens da Itália, nos traduz este conceito no célebre Cântico das Criaturas, ao proclamar "Irmão Sol, Irmã Lua, Irmão Vento, Irmão Lobo".

Esse sentido da palavra Fraternidade é o desafio da imensa família humana, que ainda guerreia, trucida, mercantiliza e despreza.

O segundo significado de Fraternidade é a união entre Espíritos afins, reunidos para vivenciar entre si este sentimento de irmandade em sacrifício constante pela iluminação dos homens. As grandes Fraternidades místicas do passado remoto legaram à Humanidade sua obra extraordinária na construção do arcabouço espiritual do ser humano. E as Fraternidades do Espaço deram-se a conhecer, há 50 anos, quando ofereceram seu concurso para organização do Espiritismo como movimento eminentemente redentor.

O Projeto FDJ

Tanto as Fraternidades Iniciáticas do passado como as Fraternidades do Espaço inspiraram a elaboração de um projeto de espiritualização extremamente avançado: A Fraternidade dos Discípulos de Jesus.

Nossa miopia espiritual ainda nos impede de conhecer os princípios de vivências nas Fraternidades do Espaço. Os exemplos que chegam até nós, pela via mediúnica, demonstram que falta muito para compreendermos seus princípios. Mas isso não impediu que seus veneráveis instrutores depositassem sua confiança em nós encarnados. Foi confiado a Edgard Armond o cumprimento desse avançado projeto. Também por isso foi criada a Escola de Aprendizes do Evangelho, a cujas turmas nos integramos em algum momento de nossas vidas e por meio das quais viemos a ingressar nessa Fraternidade. E por esta razão tantas obras de elevado valor moral foram criadas pelos Discípulos de Jesus na Terra.

Alguns Discípulos de Jesus reuniram-se no apartamento do comandante Armond na noite de 4 de dezembro de 1973, uma terça-feira tão igual a todas as outras. Decidiram criar um movimento diferente, que permitisse multiplicar as Escolas de Aprendizes do Evangelho e outros programas de valor espiritual, através da vivência do Espiritismo em seu aspecto mais importante, o religioso. Nascia a Aliança Espírita Evangélica.

Fatores Para a "Volta às Origens"

Como semente vigorosa, lançada ao solo fértil do trabalho redentor, a Aliança se tornou árvore viçosa, e rapidamente começou a dar frutos de valor. Inúmeras são as obras surgidas a partir do ideal de Aliança.

Milhares são os Discípulos de Jesus que se lançaram à lida no campo do trabalho renovador. Incontáveis são os corações beneficiados pela renovação moral de sentimentos de seus adeptos.

Mas estejamos atentos: nosso descuido pode apagar o vigor dessa querida árvore. Assistimos em alguns lugares na nossa Aliança o cometimento de pequenos deslizes, pequenas concessões, que iniciam um processo de enfraquecimento da estrutura mais sólida. Muito se fala hoje num esforço de "volta às origens da Aliança": ambiente místico, expositores convictos, turmas imbuídas de responsabilidade do serviço cristão, dirigentes conscientes de que o crescimento moral não se coaduna com a quantidade sem qualidade.

Qualidade é um termo atual, pois o homem moderno estabeleceu normas de qualidade movido pela sobrevivência num mundo que visa lucro. Percebeu que é impossível lucrar desmesuradamente sem um mínimo de respeito pelo cliente, pelo sócio, pelo consumidor, pelo fornecedor, pelo parceiro comercial, pois o espírito de concorrência pode destruir rapidamente a qualquer um.

O Nosso Conceito

Não podemos confundir conceitos: a nossa busca de qualidade é outra. Não somos movidos pela necessidade de lucrar ou de sobreviver. Somos movidos pelo impulso nobre, imaterial, transcendente, de fazer o melhor. Somos movidos pela expressão mais pura da Lei da Evolução, tão claramente ensinada por Kardec e pelos Espíritos da legião da Verdade.

Essa é uma outra qualidade: a de uma Escola Iniciática como a Escola de Aprendizes do Evangelho, que busca a Verdade e o Amor como alimento do Espírito Imortal em sua ascensão para Deus. A qualidade de um Centro Espírita que trabalha para libertar o ser humano, para que reconheça que sua felicidade depende apenas de seu próprio esforço de progresso. A qualidade de um ambiente de trabalho que proporcione a todo instante oportunidades legítimas ao ideal de servir que alimenta o verdadeiro Discípulo.

Essa volta às origens da Aliança, numa retomada da seriedade e do empenho que sempre caracterizaram o nosso movimento é crucial para a continuidade desse avançado projeto espiritual. O combate ao personalismo e à vaidade era incessante nos primeiros tempos, mas tem arrefecido. O zelo com as ferramentas da Reforma Íntima era unanimidade, mas hoje há dirigentes de turmas que optam pelo caminho fácil, mas enganoso, de contemporizações e concessões. A autocrítica e o empenho de cada trabalhador em se reciclar e inovar eram constantes, mas hoje há um certo clima de marasmo, clichês e repetições.

"Respondendo e Esclarecendo"

Consideramos oportuna uma recordação dos papéis de nossa Aliança e da nossa Fraternidade e, para isso, gostaríamos de ler uma pergunta endereçada ao Comandante e, obviamente, sua esclarecedora resposta, como consta do livro *Respondendo e Esclarecendo*.

309 - Sou um Discípulo e muita coisa já aprendi, mas, falando com colegas, eles entendem de formas diferentes uns dos outros. Peço esclarecer qual é a mais importante: A Fraternidade ou a Aliança?

R - Sua pergunta está mal formulada. Não se trata, no caso, de maior ou menor importância das duas instituições a que se refere a pergunta: A questão real é a das finalidades espirituais.

A Fraternidade dos Discípulos de Jesus foi criada em 1950 na Federação, para agremiar em seus quadros os Servidores preparados na Escola de Aprendizes do Evangelho para as testemunhações a serem dadas como Discípulos no campo coletivo, visando à difusão e exemplificação do Evangelho.

A Aliança Espírita Evangélica foi criada em 1973 para difundir e testemunhar o Espiritismo Religioso, agremiando em seus quadros os grupos e centros espíritas que possuem o mesmo ideal doutrinário e se comprometem a aceitar e seguir os seus programas de trabalho e de ensino.

Ambas, portanto, são solidárias e complementares e têm idênticas finalidades, uma auxiliando e orientando indivíduos e outra orientando e conduzindo instituições.

Como veem, não é à toa que o Comandante, entre muitos outros atributos era respeitadíssimo por seu poder de síntese. Para complementar essa tão precisa, uma outra figura de pensamento elaborada pelo próprio Armond. Disse-nos o companheiro Jacques Conchon que, no dia 5 de dezembro de 1973, pela manhã, o Comandante ligou para ele e disse, mais ou menos o seguinte: "Veja, o nome escolhido ontem pelo grupo, Aliança Evangélica é muito bom. Mas coloque aí o termo espírita. Kardec é nossa âncora e disso não podemos prescindir".

Sigamos nessa metáfora: o que tem âncora é navio. E os navios lançam suas âncoras ao fundo do mar quando precisam baixar seu centro de equilíbrio para suportar as instabilidades do mar revolto ou para ficar estáveis no porto, sem se deixar levar, à deriva, pelas correntezas.

Se pensarmos em Aliança, imaginemos os navios como sendo os Centros Espíritas, que, sem a base proporcionada por Kardec, andarão à deriva, sem condições de transportar ninguém em segurança.

Se pensarmos em Fraternidade, imaginemos os navios como sendo os indivíduos, os Discípulos de Jesus. Na resposta dada por Armond ao Discípulo, a testemunhação no campo coletivo para difusão e exemplificação do Evangelho pode ser comparada à tarefa de salvamento em pleno mar revolto. Lança o navio sua âncora para executar a tarefa de resgate. Sem esse recurso ele também seria arrastado pela tormenta. Para essa função, as bandeiras do mastro de nada adiantam. Ou seja, para o Discípulo integrante da FDJ, não adianta ser um espírita de fachada, é necessário ter o Espiritismo na base, como lastro, como âncora.

No Testemunho

Portanto, esta é uma observação bastante útil: ao testemunhar no campo coletivo para difusão e exemplificação do Evangelho, pode muitas vezes o Discípulo se engajar a uma frente de trabalho não espírita, uma obra social de valor, um trabalho de esclarecimento público, uma colaboração ativa no campo da educação, da saúde, do trabalho, da política, ou até mesmo de outras religiões. Nesses casos, levar o Espiritismo como bandeira de mastro poderá ser impossível, não permitido, ou simplesmente inútil. Todavia, utilizá-lo como âncora será fundamental.

Dois desafios estão diante de nós. A elevação dos padrões de seriedade e qualidade moral de nossa Aliança e o cumprimento do dever do Discípulo de Jesus ao participar na obra de redenção do ser humano.

Condições para isso nós seguramente recebemos. Mas se temos o empenho, a coragem, a seriedade e a dedicação para tanto, somente podemos saber se interrogarmos nossas próprias consciências, iluminadas pelo Evangelho Redentor.

38

APELO À FRATERNIDADE

O Trevo nº 309 (mar/2000)

A diretoria da Fraternidade dos Discípulos de Jesus da Aliança Espírita Evangélica vai sugerir às Regionais na próxima reunião do Conselho de Grupos Integrados, marcada para 19 de março, em São Paulo, a realização de um amplo trabalho para localizar integrantes da FDJ que tenham se afastado do movimento e com os quais se tenha perdido contato.

Toda vez que se toca nesse tipo de assunto, resistências surgem. De um lado, pelos obstáculos em atingir meta tão ambiciosa. De outro, surge o pertinente questionamento da utilidade de realizar um trabalho com esse grau de dificuldade. Difícil é mesmo. Não há como negar nem há intenção disso. Com relação à utilidade, é preciso tecer alguns comentários.

Os encarnados ligados à Fraternidade falham toda vez que se perde contato com o Discípulo que se afasta. Muitas vezes ocorre o afastamento por opção. A pessoa que conclui com êxito a Escola de Aprendizes do Evangelho busca outros caminhos que podem não ter qualquer relação com as atividades correlatas às Casas Espíritas. Decisão que deve ser respeitada, ela não deve ser, porém, motivo para que a Fraternidade não procure manter o seu vínculo com essas pessoas. Além da ligação espiritual, *O Trevo* se constitui em outro instante de integração. Esse jornal abre também espaço à FDJ em suas atividades no âmbito da Aliança. Por que não enviá-lo aos integrantes da Fraternidade que não podem apanhá-lo em uma Casa Espírita?

Mas há casos de pessoas que mudaram de cidade, de país, por contingências profissionais ou outros fatores de ordem pessoal, os laços se afrouxam. O contato se perde. A distância se torna isolamento. A proposta deste trabalho visa justamente estar ao lado desses Discípulos, preparados pelas Escolas de Aprendizes dos Grupos desde a origem da

Aliança. Realizado este trabalho com tenacidade e seriamente, a evasão pela falta de comunicação tenderá a desaparecer.

É possível perceber consequências valiosas da localização desses companheiros: será possível informá-los sobre outras pessoas ou de frentes de trabalho que estejam próximas geograficamente. Quem sabe daí não surjam e se fortaleçam novos núcleos de atividade?

Em tempo: *O Trevo* não será o único meio de integração. Com a reativação da página da Aliança na Internet, haverá outra oportunidade de comunicação, com benefício para todos. A Secretaria da Aliança se encarregará de manter atualizado o Cadastro Geral de Integrantes da FDJ, para referência de todo o movimento.

A Regional ABC espontaneamente já deu os primeiros passos em torno desse trabalho, como relatado no Encontro de Coordenadores da FDJ em dezembro passado, na Reunião Geral da Aliança. Algumas Casas também. A intenção agora é que esse movimento seja amplo, abrangendo as demais Regionais, que devem mobilizar os Grupos para o levantamento das informações .

A sugestão desse trabalho remete a reflexões sobre a Fraternidade. O que define uma Fraternidade na Espiritualidade? Trabalho, antes de mais nada. União de Espíritos em torno desse trabalho. E também união entre as pessoas que compõem essas equipes de atividade no bem. Se temos sido pródigos no trabalho e na união em torno dele, é preciso empenhar energia na aplicação do ideal de vivência em Fraternidade.

Sem dúvida, esse ideal começa a ser vivido no âmbito da Escola de Aprendizes do Evangelho, que reúne pessoas com afinidade na mesma busca, o crescimento espiritual. Como caracterizar essa afinidade com laços mais profundos? Pelo reconhecimento da importância das pessoas manifestada com afetuosidade sem pieguismo (falsidade), na construção de um ambiente de confiança, alegria e satisfação de convivência.

Como fazer isso? Uma questão pertinente. Mas para a qual não há receita pronta. Cada um trabalha e manifesta esses sentimentos de forma peculiar. Com a Reforma Íntima em andamento, a aceitação também favorece essa meta. Importante é estar atento que a Fraternidade não se define só pelas suas atividades, mas em como elas são praticadas, em vivência fraterna, como não poderia deixar de ser.

Com certeza, se conseguirmos avançar nesse objetivo, no futuro não serão mais necessários pedidos ou sugestões como os feitos neste texto, para alcançar Discípulos que se afastaram. Espontaneamente sempre haverá laços a reunir essas pessoas com outros integrantes da Fraternidade.

39

FDJ CONTA COM 144 NOVOS INTEGRANTES

O Trevo nº 313 (jul/2000)

Na manhã de 11 de junho, a Fraternidade dos Discípulos de Jesus foi acolhida no Grupo Noel, Centro que não está integrado à Aliança, mas mantém laços de amizade com o movimento, para o ingresso de 144 integrantes. Num ambiente festivo, em que contribuía a decoração com motivos juninos, os depoimentos plenos de emoção se sucederam.

No começo da reunião privativa, em mensagem espiritual, o mentor exortou a todos que a proposta do trabalho redentor possa ser levada a toda parte. O Espírito amigo traçou um esboço da história cristã até chegar à metade deste século, com o início da 1ª Turma da Escola de Aprendizes do Evangelho.

A Escola representa a possibilidade de reviver o Cristianismo no seu aspecto redentor, afirmou o amigo espiritual. A utilização de seus instrumentos, como a Caderneta Pessoal e o Caderno de Temas, as atividades, o empenho na Reforma Íntima desembocavam naquele instante na FDJ. E o ingresso na FDJ não representa dispersão da EAE. Ao contrário, significa a continuidade da proposta. "Não deixem o tempo passar de mãos abandonadas", solicitou. "Não deixem o tempo ocioso tomar o coração", prosseguiu. "Existe trabalho para todos e neste momento ainda mais", completou. "Trabalhem, trabalhem com muito amor", recomendou o Espírito amigo.

Em seguida o companheiro Eduardo Miyashiro saudou os novos Discípulos, definindo o processo de iniciação espiritual como esforço coletivo. Citou que o termo fraternidade apresenta dois sentidos: o sentimento e uma organização. Com a definição de Jesus ao dizer "Pai Nosso", ficou patente que mesmo adversários são irmãos. "Com a EAE o "eu" antigo tem de ficar para trás. "O autoconhecimento leva à legítima fraternidade. E esta é uma proposta para toda a humanidade, para ser levada por todos os Discípulos, cada um seguindo o próprio caminho.

A lembrança da reunião que se realizava naquele momento será útil em especial quando aparecerem as provas mais árduas. "Sabemos que há uma Fraternidade que nos une", disse. Eduardo enfatizou que a Escola não é um programa puramente individual. Viver na FDJ com coragem e serenidade para servir ao Cristo e ao próximo deve ser a meta de cada Discípulo, comentou. Os testemunhos dos novos Discípulos se sucederam. Foram relatos pessoais, de transformação. Foram constatações da profundidade dos ensinamentos da Escola de Aprendizes. Foram alertas para que a Reforma Íntima permaneça como divisa de atuação diária para cada um.

A reunião pública teve a palavra da espiritualidade também logo de início. O amigo espiritual esclareceu o significado do discipulado. Afirmou que não representa apenas trabalhar em nome do Cristo, mas compreender e vivenciar verdadeiramente a sua mensagem.

O mentor definiu o trabalho como ferramenta de transformação espiritual, como forma de exteriorizar mudanças interiores. O discipulado descortina uma nova fase espiritual, em que o ingressante assume o compromisso de levar o Evangelho através de palavras, pensamentos e sentimentos. "Ser Discípulo não é ter um título, mas vivenciar o Evangelho, sentir os exemplos de Jesus vivos no coração. O discipulado traz em si o convite à prática do amor em toda a parte.

Após leituras de trechos dos livros *Na Semeadura I* e *Na Semeadura II*, foram relembrados conceitos de Edgard Armond sobre o discipulado, que estão no *Vivência do Espiritismo Religioso*. O companheiro Luiz Pizarro ofereceu uma nova oportunidade de trabalho junto às equipes de trabalho da Editora Aliança. E Diógenes, da Regional São Paulo, encerrou a reunião, ressaltando que o ingresso na FDJ é um momento único na vida de cada um.

40

ASPIRANTE AO DISCIPULADO

O Trevo nº 313 (jul/2000) *Eduardo Miyashiro*

Trechos da Aula 96[4] — Iniciação Espírita:

"Tendo em vista os imperativos evangélicos que caracterizam suas atividades religiosas e julgando necessária a iniciação, para se dar cunho mais rigoroso, metódico e idealista ao esforço de espiritualização individual e coletiva, foi criado na FEESP (Federação Espírita do Estado de São Paulo) um sistema de iniciação em três graus, a saber: Aprendizes, Servidores e Discípulos.

(...)

"Os dois primeiros graus são realizados na Escola de Aprendizes do Evangelho e o último na Fraternidade dos Discípulos de Jesus, em que todos os Discípulos devem se esforçar para viver dessa forma, exemplificando o Evangelho e executando, a vontade do Cristo planetário.

"Na Escola de Aprendizes foi feita a preparação de corpo e espírito nos dois graus iniciais; as mentes foram esclarecidas e regras foram dadas para a purificação do corpo, disciplinamento de hábitos e costumes, combate aos vícios e defeitos morais. Entretanto, como a maioria ainda não atingiu um ponto satisfatório de elevação, todos os que aqui se encontram são aspirantes ao discipulado (grifo nosso), semelhantes a Discípulos probatórios."

Na FEESP e no início da Aliança, recebia a designação do Discípulo o aluno que concluía com aproveitamento os três anos de Escola de Aprendizes do Evangelho. Posteriormente, ficou claro que a FDJ – Fraternidade dos Discípulos de Jesus – deve ser rigorosa na

[4] Atual Aula 111, conforme nova grade de aulas, aprovada na reunião da AGI de 3/3/2003.

avaliação para ingresso em seus quadros (vide *Guia do Aprendiz*, de Edgard Armond, capítulo 9 — Críticas ao Sistema), rigor esse empregado única e exclusivamente em benefício do próprio aluno, para que este não se iluda quanto aos desafios e obstáculos que as forças do mundo põem no caminho dos apóstolos do Bem.

Desde então, passamos a considerar Discípulo apenas o aluno aprovado pela FDJ, através de uma verificação de sua Caderneta Pessoal, de um exame espiritual específico e participação da cerimônia privativa de ingresso (vide *Vivência do Espiritismo Religioso*, capítulo 4).

Em nossa opinião, há que se reconhecer o esforço do Servidor que conclui a EAE com aproveitamento, ou seja, aquele que é aprovado nas avaliações do 1º, 2º e 3º anos. Entretanto, na situação atual o aluno, após a conclusão da EAE, está no grau de Servidor, tanto quanto aquele que acabou de ser aprovado no 1º exame espiritual e está na primeira aula do 2º ano.

Tempos atrás, em algumas Casas, era usual que, após concluir o 3º ano, o aluno era considerado “Discípulo em primeiro grau” ou “Discípulo na Casa”, para distingui-lo do Discípulo da FDJ. Porém, essa terminologia causava certa confusão.

Nossa proposta, para valorizar o esforço do aluno que conclui a Escola de Aprendizes do Evangelho, mas que, naquele momento, não deseja ainda ingressar na FDJ, ou então aquele que solicitou mais tempo para se preparar para o ingresso, é a de conferir ao aluno que é aprovado no 3º ano da Escola de Aprendizes do Evangelho, a denominação de aspirante ao discipulado, expressão que, como vimos, se encontra no próprio texto do *Iniciação Espírita*, aula baseada em notas do Comandante.

Sabemos que os títulos em si nada significam diante do real conteúdo do ser. Porém, nossa intenção é destacar o esforço e dedicação do aluno, para que se sinta mais motivado nos instantes finais da Escola de Aprendizes. O espírito das aulas do 3º ano, que visam desenvolver os caracteres do verdadeiro Discípulo como modelo de conduta moral para o progresso da Humanidade terrena, causa grandes transformações íntimas e provoca reflexões extraordinárias nos alunos de sensibilidade apurada.

Assim, caso esta proposta venha a ser aceita em nossa Aliança, os dirigentes poderiam reunir os alunos, após o exame do 3º ano, para lhes conferir o título de aspirantes ao discipulado. Não falamos em grau para não descaracterizar a iniciação em três graus, mas seria uma oportunidade de confraternização para estimular os Aprendizes a prosseguir em seu esforço na caminhada de realizações espirituais. Outra vantagem de ordem prática seria facilitar os regimentos internos de trabalho das Casas, pois certamente os aspirantes ao discipulado já possuem condições de assumir tarefas de mais responsabilidade que os Servidores do 2º e 3º anos.

Portanto, concluímos este artigo rogando aos dirigentes que trabalham nas Casas de nossa Aliança que critiquem a presente proposta, contribuindo com sugestões para aperfeiçoá-la.

41

REUNIÃO DA FDJ

O Trevo nº 314 (ago/2000) *Ivânia*

Realizou-se em 15 de Junho a Reunião da Fraternidade dos Discípulos de Jesus, da Regional Sorocaba. Contou-se, no encontro realizado no Núcleo Espírita de Evangelização Ismael, com a participação de vários Discípulos, mesmo aqueles que se encontravam afastados das Casas. Num primeiro momento, houve uma avaliação de cada um como Discípulo de Jesus. Foram feitas as seguintes questões:

1) Estou cumprindo meu papel como Discípulo de Jesus?

2) Em meu lar cumpro esse papel de Discípulo?

3) Em meu trabalho também cumpro meu papel como Discípulo?

4) Entre meus amigos de ideal cumpro meu papel de Discípulo?

Precisamos nos reavaliar, a cada dia, sobre estes aspectos. Reavivar a responsabilidade, que é nossa. Passar aos alunos da EAE o exemplo vivo de um Discípulo. Reavaliarmos nossa postura perante esses alunos. O trabalho é de suma importância ao Discípulo, mas não podemos nos isentar do principal: Nossa Reforma Íntima. Sem Reforma Íntima nada tem valor ou mérito.

Precisamos ser Discípulos com todas as características que já conhecemos. Sermos exemplo vivo de fé, alegria, desprendimento e o principal, amor, muito amor pelo nosso próximo. Se não o amarmos, como teremos a coragem de dizer que amamos a Deus? Tudo o que fazemos, nossas mínimas atitudes são observadas.

Precisamos cultivar a felicidade, a harmonia, a confiança e a motivação que nos inspiram ao trabalho, ao estudo, a servir com todo o nosso amor. Discípulo de Jesus precisa ter autonomia e prudência.

42

PROPOSTA PARA O INGRESSO NA FDJ

O Trevo nº 314 (ago/2000) Gitânio Fortes

Em vez de ser observado como o momento de uma avaliação mais aprofundada em relação à Reforma Íntima, a chance de uma informação da espiritualidade quanto à busca de estudo e do serviço ao próximo dentro da programação da existência e a definição de uma proposta individual, consciente e constante, de renovação lastreada pelo voluntariado, o ingresso na Fraternidade dos Discípulos de Jesus se torna muitas vezes foco de ansiedade desnecessária.

Desnecessária porque não está em jogo o mérito de cada um, no sentido de ter aproveitado um curso. O ingresso significa buscarmos saber, junto à experiência de companheiros há mais tempo na FDJ num primeiro momento e, depois, no contato com a espiritualidade, como caminha o esforço de Reforma Íntima preconizado pela Escola de Aprendizes. A Fraternidade, na Terra, nada mais representa do que um grupo afim em torno do ideal de renovação interior, unido pelo mister do serviço ao próximo.

Independentemente dos conceitos em torno do assunto, a análise das Cadernetas Pessoais já implica uma questão prática — é a primeira etapa dos ingressos na FDJ que as 13 Regionais da Aliança têm a realizar.

Objetivo Primeiro

A intenção com este artigo é trazer ao movimento de Aliança uma proposta para o ingresso na FDJ que possa reconduzir este momento ao mais próximo possível do seu objetivo conceitual. Esta proposta não parte de uma só pessoa — sintetiza experiências bem-sucedidas de Regionais, sugestões e consultas a companheiros experientes. O seu detalhamento, exposto a seguir, será discutido na reunião de Coordenadores Regionais, marcada para 17 de setembro, domingo à tarde, na Editora Aliança, em São Paulo. É desejável que os coordenadores regionais de FDJ também participem. Com o artigo saindo com esta antecedência, se pretende que, no encontro de setembro, os representantes de todas as Regionais possam chegar a um consenso para um procedimento padrão para o ingresso na Fraternidade.

O primeiro passo é conseguir que todos falem a "mesma língua". Por isso, deve anteceder em pelo menos seis meses o recolhimento das Cadernetas Pessoais uma reunião da coordenação regional de que participem todos os dirigentes de turmas previstas para o próximo ingresso. Em data próxima — uma semana de diferença, outra reunião, com todos os avaliadores de Caderneta Pessoal, a respeito dos critérios para a análise. Estes encontros serão semestrais ou anuais, dependendo do calendário da Regional — se tem uma ou duas passagens para a FDJ no ano.

Distribuídas as Cadernetas Pessoais entre os avaliadores, se procede a análise. Se o avaliador considerar que todos os alunos têm condições, todos são encaminhados para o exame espiritual. Até aí, se observarmos com atenção houve três avaliações: a primeira, do próprio aspirante ao discipulado, que julgou estar em condição de ingressar na FDJ; a segunda, do dirigente, que concordou; a terceira, de um companheiro de Fraternidade, que não participou do cotidiano da turma, mas que constatou o empenho do aluno na Reforma Íntima.

O Avaliador

Cabem aqui considerações sobre o avaliador. É desejável que seja um dirigente de Escola de Aprendizes com pelo menos uma turma concluída com alunos na FDJ. Isso significa que ele, pessoalmente já passou pela experiência de acompanhar um grupo em todas as etapas — da sala de aula até a cerimônia de ingresso, tendo passado pela análise de Cadernetas Pessoais e exame espiritual. Também se recomenda que esteja, ao menos, dirigindo uma segunda turma, o que indica continuidade de sua ligação com a Escola. Não custa repetir: o avaliador não entra no mérito das anotações, não faz julgamento moral, não é juiz para decidir se o aluno é "bom trabalhador" — simplesmente analisa se o aluno se dedica ao autoconhecimento, já identifica sentimentos e se compromete com a Reforma Íntima.

Voltando ao procedimento da análise de Cadernetas Pessoais: se houver dúvidas ou se o avaliador pender para uma eventual não-aprovação, esses casos devem ser apreciados em nova reunião com todos os avaliadores da Regional (ou Setorial, dependendo da organização), em data mais próxima do exame espiritual. Dessa forma, os avaliadores vão estar menos isolados, trabalhando em conjunto nos casos mais complexos, o que deve favorecer um procedimento ainda mais uniforme na análise das Cadernetas Pessoais. Persistindo a dúvida ou a tendência de não aprovar na análise em equipe, o avaliador deve procurar os dirigentes para trocar ideias a respeito de cada pendência. Apenas após esse contato, haverá o resultado da análise das Cadernetas Pessoais.

Em seguida são realizados os exames espirituais e o evento de ingresso da FDJ, atividades que a maioria das Regionais já tem bem-estruturadas — tanto que, pelo programa anual de atividades de muitas delas, se prevê com bastante antecedência a sua realização. Com organização e método, principalmente no que se refere ao aspecto mediúnico, o aperfeiçoamento é essencial para que os colaboradores transmitam da espiritualidade a orientação mais precisa, sem interferência de seus conceitos pessoais.

43

INICIAÇÃO ESPÍRITA

O Trevo nº 314(ago/2000) Itamar Luchese

(Trechos da preleção ministrada pela dirigente da 1ª Turma da Escola de Aprendizes do Evangelho no ABC na comemoração dos 50 Anos da EAE na Regional)

A emoção do dia de hoje e do clima espiritual que se faz presente, do reencontro com os companheiros, a gente sempre diz que não é fruto do pioneirismo. É dívida, gente. E nós agradecemos a Deus a oportunidade de estar reconstruindo aquilo que com certeza no passado distante nós destruímos.

Como já estamos no movimento das Escolas há algum tempo, sempre nos preocuparam as palavras do Comandante Armond no plano-convite da Escola de Aprendizes, quando ele nos alertava que a Escola estaria preparando pessoas para estarem prontas nos dias angustiantes que se aproximavam. Pessoas prontas a estender a mão àqueles que estavam sem esperanças e sem perspectivas. Pessoas prontas para amar apesar de tudo e de todos. Pessoas prontas para ter no coração misericórdia diante dos problemas graves que seriam trazidos pelos corações sofridos. E isso ele nos pediu há 50 anos.

E muito nos surpreende quando o mundo, se apresentando do jeito que está, nos alcança desprevenidos, criticando, não compreendendo, não tolerando, não amando, não tendo misericórdia e muito menos compreensão. Nós ficamos como aquelas criaturas vivendo de lembranças doces ou amargas do passado, muito preocupados com o futuro, esquecendo que precisamos viver o hoje.

Quando ele nos disse que somos criaturas comprometidas de há muito, nós voltamos às escolas iniciáticas da Antiguidade. O que é ser um iniciado, o que é ser um principiante na senda da evolução? O que é ser uma criatura que almeja começar a escalada da sua evolução e toma consciência disso? O iniciado é o espírito que já despertou para os valores espirituais, que já percebeu e se conscientizou que a vida simplesmente física ou material não preenche o seu íntimo, e não é o objetivo de ninguém. Ele anseia por verdades maiores e sabe que a realidade espiritual é a verdadeira.

Antigamente, quando a criatura sentia este impulso de conhecimento maior, ela ia buscar isso aonde? Nos grandes templos fechados, circunscritos a algumas regiões e algumas pessoas, aqueles conhecimentos que chamamos de esotéricos, íntimos, fechados mesmo para um grupo de criaturas. Esses templos, como esses grandes líderes que tinham o conhecimento total da vida espiritual, das suas leis, davam à maioria um outro conhecimento, porque o povo não tinha condições de entender a verdade. Dentro desses templos, atendendo às necessidades das criaturas despertas, faziam-se as iniciações — todo o aprendizado de conhecimento e de vivência das leis divinas. Isso aconteceu nas civilizações antigas.

Sabemos que a Índia tem esse conhecimento há praticamente 7.000 anos ou mais. Sabemos das religiões esotéricas na Grécia, na Babilônia, na Caldéia, na Fenícia, na região da Pérsia. Na grande civilização egípcia, dentro dos grandes templos, se trabalhavam o amor, a misericórdia, a compreensão, a fraternidade, tudo aquilo que estabelece uma profunda ligação da criatura com o Criador.

Essas iniciações eram fechadas, e o povo precisava de conhecimentos para que pudesse desatar as amarras que prenderam a nossa humanidade séculos e séculos à sua personalidade egoística, ao seu orgulho, à sua vaidade e à sua ambição. Conhecimentos nunca faltaram e nós nunca estivemos sozinhos. Encantávamo-nos primeiramente com a palavra sublime dos mensageiros. Mas depois os nossos problemas nos absorviam e a humanidade vem fazendo isso constantemente. Era preciso que a vivência das escolas iniciáticas pudesse reflorir em outros cantos.

Muitos que conviveram com Jesus e que, com certeza, eram espíritos prontos, evoluídos, aptos, ficaram com ele. Naquela tarde em que o mundo se cobriu de trevas, porque a nossa ignorância colocava na cruz o Espírito mais puro que tivemos entre nós, estava lá Jesus no mais profundo exemplo de amor, de bondade, de compreensão.

Então, passa por ali alguém que toma conhecimento de tudo que tinha acontecido com Jesus, que fica tocado pela tarefa extraordinária deste ser, e se aproxima da cruz. O chão em que a cruz estava fincada tinha heras na sua paisagem, grande terreno coberto com aquela plantinha que sobe e tem formato de trevo. Profundamente dominado pelo amor de Jesus, ao ver aquele Espírito extraordinário ali, arranca uma hera e promete ao Mestre que, daquele dia em diante, a sua tarefa seria espalhar o Evangelho, levar os ensinamentos do Cristo a toda a humanidade, incansavelmente, através dos séculos.

Interessante que em 1936, em Londres, um grupo de 20 criaturas interessadas em estudar as verdades celestiais, as leis divinas de maneira muito profunda, passou a se reunir sistematicamente às quintas-feiras. Um mentor se manifestava e orientava o estudo esotérico desse grupo. Identificou-se como antigo sacerdote egípcio. Disse que necessário se fazia que uma escola iniciática fosse criada para trazer os ensinamentos que até aquele momento eram fechados nos templos orientais, nos grupos esotéricos, nos seios das religiões. Era preciso haver uma escola iniciática aberta, que alcançasse todas as criaturas, que permitisse à humanidade participar desse aprendizado para que ela realmente avançasse, rompesse as amarras do seu processo de evolução.

Passara-se o tempo de testemunhar amor, misericórdia, tolerância, fraternidade e conhecimento entre paredes fechadas. Que também não era mais necessário que se provasse a fé diante das fogueiras, das mortes, dos circos, dos facões e dos machados, das guilhotinas e das forcas. Necessário se fazia uma Escola que levasse a criatura a testemunhar a sua fé e os seus conhecimentos no seio da família, no cotidiano, no seu ambiente de trabalho, no relacionamento com todos os seres.

Em 1940, sob a determinação de um grupo de Espíritos, aquele caminheiro que arrancara da cruz uma hera, aquele mesmo ser que prometera a Jesus batalhar pela evangelização da humanidade, estava em terra brasileira, inspirando a figura extraordinária de Edgard Armond, para que se criasse a Escola de Aprendizes, a primeira escola iniciática aberta a qualquer criatura. Foi sob a inspiração direta do venerável Razin que o Comandante instalou esta escola iniciática no Brasil.

Aqui, disse Jesus a Hilel, que ele plantaria a árvore do Evangelho. Não foi por acaso que, na década de 40, as hostes espirituais se reuniram com Ismael, com o Dr. Bezerra, que tinha sido para nós o Kardec brasileiro, porque foi ele que fez com que o Espiritismo no Brasil se voltasse para o aspecto religioso, de tolerância, de vivência cristã, exemplificando na sua vida o que é o amor. Reúnem-se eles para orientar o Comandante e dar início aqui, na terra brasileira, a esta primeira escola iniciática aberta, para que nós pudéssemos aprender as leis de Deus através do desenvolvimento de nossa própria consciência.

Quem pegar *O Livro dos Espíritos*, na parte terceira, das leis morais, tem a pergunta 621, que diz: "onde está marcada a Lei Divina? Na consciência." E na pergunta 625 se pergunta aos Espíritos: "Mas a humanidade já teve alguém que viesse trazer ou que tenha trazido as leis divinas?" A resposta é objetiva: "Vede Jesus".

E hoje, companheiros, será que o nosso coração está pronto para derramar misericórdia, compreensão, perdão, amor, tolerância, trabalho... Será que o meu compromisso com Jesus é bem consciente? Será que cada vez que ele nos olhe, podemos dizer "presente, Senhor"? Falamos para nós mesmos porque os ouvidos mais perto de minha boca são os meus. Vamos fazer uma análise profunda do que fizemos nestes 50 anos.

Para encerrar, uma passagem de Jesus. Quando ele carregava a cruz, pelas ruas estreitas de Jerusalém, tinha começado o seu momento difícil. Ele carregava a cruz e caminhava. Olhava as pessoas que ali estavam assistindo sua passagem. Ele, sereno, continuava. Em meio àquelas criaturas identificava rostos amados. No meio de toda aquela gente, rostos lavados de lágrimas, expressando aquela dor profunda. Quando ele percebe aqueles corações cheios de amor por ele, aquelas criaturas que já tinham entendido a lição e com quem ele sabia que poderia contar dali para frente, ele levanta os olhos e diz: "Senhor! Obrigado, meu Pai, porque eu vejo florescer na Terra as sementes de amor que plantei..."

Que Jesus, neste instante, possa fazer o mesmo, dizendo a Deus que agradece, porque ele, nos olhando, também vê florescer as sementes de amor...

44

O QUE GARANTE ESTAR NA FDJ

O Trevo nº 316 (out/2000) Maria Ignês Mendonça do Nascimento

É sabido por todos que não é, simplesmente, por uma cerimônia, depois de três anos cursando uma Escola, e tendo passado por uma série de exames periodicamente, que nós, automaticamente, pelo simples fato de termos vivenciado uma cerimônia, estamos garantidos na condição de Discípulos de Jesus. Muito ao contrário. A cerimônia é um momento especial. É o momento em que nós assumimos aquele compromisso publicamente. Lembrando que existem muitos Discípulos verdadeiros que nem sabem o que é uma Escola de Aprendizes do Evangelho da forma que nós estudamos para nossas vidas.

O papel do Discípulo é importante, especial, e nós, sem dúvida alguma, não devemos nos imbuir de medo, de incertezas, de preocupações, de inseguranças. Para ser Discípulos, necessitamos apenas de fidelidade para com Jesus, da coragem e do amor. Limitações? Sem dúvida, pois os Discípulos não são santos, não são Espíritos que já superaram as dificuldades inferiores para poderem estar isentos de processos que às vezes até dificultam a nossa ação.

E isto nos leva a uma profunda reflexão. Uma reflexão dentro da nossa necessidade, dentro do nosso critério de vida. Nada além do que está programado para cada um de nós. Porque se chegamos até aqui, depende de nós daqui para a frente. Eu acredito que se fizermos a pergunta "qual é o papel do Discípulo?", nós saberíamos dizer que nada mais é do que representar Jesus aqui na Terra.

"Santo" Encarnado?

Essa é a realidade. Costuma-se imaginar o Discípulo como aquela figura que tem a capacidade até para fazer "milagres". A comparação que nós fazemos com Discípulos é essa, um "santo" encarnado. Onde nós estamos não vamos fazer "milagre" algum, o primeiro é aquele da nossa renovação. Chegaremos lá, seremos um "santo" um dia. Mas vamos fazer um lembrete propício: conhecemos a figura de Pedro, o apóstolo Pedro como a figura máxima do Cristianismo. A ele se equipara o apóstolo Paulo. Nem eles deixaram de ter momentos de dificuldade no tocante a sentimentos.

Quem conhece Saulo sabe quem era essa figura antes de se transformar em Paulo de Tarso. Quem lembra aquela passagem de Pedro, na hora da prisão de Jesus, ao cortar a orelha de um soldado romano, sabe que aquilo era a exteriorização de um sentimento igual ao nosso de agressividade. Tanto que Jesus advertiu: Pedro, Pedro, embainha a tua espada porque quem matar pela espada pela espada padecerá. É um grande apóstolo de Jesus, um grande discípulo, tanto que foi Pedro quem assumiu a fundação da igreja cristã.

No estado em que nos encontramos, não estamos isentos de dificuldades. Por isso, muitas vezes, nós negligenciamos a nossa Reforma Íntima, fazendo críticas a Discípulos que passam por dificuldades. Nós, às vezes, caímos na tentação da crítica. Isso é um mal, porque em vez de ajudar, prejudicamos. Quem é representante de Jesus, nesse estado evolutivo, é um Espírito falível. Isso não quer dizer que temos a necessidade de estar por aí caindo. A queda depende de nosso esforço. Se ele for real, as quedas são menores. Os testes virão e teremos menos chances de cair. Agora, se o nosso esforço estiver um pouquinho desestruturado, aí as quedas serão maiores.

Responder às Falhas

Quem vai responder pelos nossos erros, pelas nossas falhas? Nós! Nenhum companheiro nem de turma, nem de Casa, nem de tarefa. Nós! Se existir falha em nós a culpa da falha é nossa. Muitas vezes, quando há um processo difícil diante de um Discípulo, se costuma dizer, para desculpar, que o erro se deu por causa dessa ou daquela situação, por causa desse ou daquele ambiente, por causa de determinada pessoa, de uma circunstância qualquer. Não! A culpa dos nossos erros e o mérito de nossos acertos são, exclusivamente, nossos. As nossas falhas não estão nos fatos que nos envolvem, mas sim nos nossos sentimentos.

O papel do Discípulo é muito importante dentro de nosso estágio evolutivo. Nada é exigido de nós além daquilo que faz parte do grau de entendimento e de nossa capacidade. O plano espiritual sabe. E não é o muito que se mostra o que identifica o Discípulo. Porque existe muito Discípulo no anonimato.

Vamos fazer um trabalho para o qual gostaria de pedir profundidade quanto ao sentimento. Gostaria que cada um escolhesse um número de 1 a 7. Depois de escolhido o número, nós vamos enunciar uma condição de um Discípulo. Cada um, individualmente, leia, sem se preocupar com o companheiro. Reflitamos e, depois de cinco minutos de leitura, vamos pedir para que cada um se coloque na situação de Discípulo. Cada um se imagine nessa situação como Discípulo, como desempenhar o papel diante dessa situação.

Situações apresentadas:

1. Sou um Discípulo. Estou em uma região onde as pessoas passam frio.

2. Sou um Discípulo. Estou em uma região onde as pessoas não têm fé em Deus.

3. Sou um Discípulo. Estou em uma região onde as pessoas estão doentes.

4. Sou um Discípulo. Estou em uma região onde o índice de mulheres que praticam o aborto é muito grande.

5. Sou um Discípulo. Estou em uma região onde as jovens se prostituem para ajudar a família.

6. Sou um Discípulo. Estou em uma região onde 70% da população é analfabeta.

7. Sou um Discípulo. Tenho no meu lar pessoas que dificultam o meu desempenho como Discípulo.

Sem Omissão

Diante de algumas situações atípicas à normalidade o Discípulo não pode ficar ausente, se omitir. Não importa que não saiba o que fazer. O importante é se colocar na condição de representante de Jesus.

A partir do momento que nos colocamos na situação de representantes de Jesus, nós nos conscientizamos do nosso papel. Se é fácil ou se é difícil, isso é uma consequência. Que nós não podemos ficar ociosos como Discípulos é uma realidade.

Independentemente do que cada Discípulo se sinta em condições de fazer, ele tem uma ferramenta que não pode abandonar: é a Reforma Íntima.

Se não houver um estudo sistemático do Evangelho ninguém vai fazer nada. Porque um cego não pode guiar outro cego. O que gera os erros é a falta de conhecimento, de entendimento, de religião. Nós temos de levar o testemunho da religiosidade, que é o sentimento de respeito a Deus. Quando Jesus orientou os seus Discípulos para o mundo, eles iniciaram um trabalho que é o que define a condição de Discípulo: a fundação das Casas do Caminho, atividade que se destina ao trabalho social de caridade, de amor ao próximo, de humildade, e também o compromisso com o Evangelho. Muitos Discípulos se julgam sem a necessidade do estudo, o que é profundo engano. O crescimento se dará através do conhecimento. Se não houver conhecimento não haverá fé, e discípulo sem fé é tocha apagada.

O papel do Discípulo é o papel que está no Evangelho de Jesus: "Vós sois a luz do mundo!" E a que serve a luz? Para iluminar o que está escuro, a luz presta quando apagada? Não, não presta; a luz só serve, só é luz, quando está acesa. E o Discípulo é isso: é uma luz acesa onde ele estiver, não importa a dimensão. Colocou-se aqui algumas situações de amplo aspecto, mas dentro de seu próprio lar pode haver a necessidade do Discípulo acender uma luz.

"Sal da Terra"

"Vós sois o sal da Terra!" O que quer dizer o sal da Terra? Para que serve o sal? Se colocar muito sal, vai estragar, não vai? O sal, dito em uma simbologia, serve para conservar a carne. O sal da Terra simboliza o papel do Discípulo no sentido de conservar o ser humano, valorizar o Espírito. O Discípulo está compromissado com o Evangelho, e por isso a necessidade da reforma e do estudo, companheiros. Falhar nós, como já dissemos, vamos falhar, vai haver dias em que nós vamos tropeçar, mas olhem: o que aconteceu hoje não deve acontecer amanhã!

O nosso passado é o passado. Nós temos muitas falhas, e agora vamos ficar parados lá no passado, porque falhamos, porque erramos? Não! Nós vamos para a frente, vamos mudar a página, vamos ter vida, vamos ser felizes. Não existe absolutamente nada que possa impedir a realização disso.

Uma pessoa uma vez disse que Jesus pôde fazer o que fez porque ele não teve família, não teve mulher, não teve filhos. Teve! Teve a humanidade inteira. Nós, com marido e com filhos, não fazemos o que Jesus fez com a humanidade. Quantas e quantas mulheres Jesus fortaleceu e nós, às vezes, não conseguimos estabelecer a harmonia dentro do nosso próprio lar. Então, ser Discípulo é estudar, é confiar, é fazer Reforma Íntima. Dentro das nossas responsabilidades ninguém sabe o que está por vir, o que hoje é muito difícil amanhã poderá ser melhor. Uma das coisas prejudiciais para o Discípulo é o medo de assumir porque pode ser que amanhã ele não poderá fazer. Não precisa ter medo: assuma. Se ele não puder fazer, não faz porque não era para fazer. O Discípulo tem de ter uma profunda consciência de que, quando ele se coloca à disposição, abrem-se imensas portas. Não esperem uma mudança, segundo nosso próprio entender, de melhoria de vida para começar a trabalhar. Uma espera que o marido passe a ganhar mais para pagar uma empregada para poder sair. Outro espera se aposentar para ter tempo. Outros esperam cuidar dos filhos pequenos para depois sair. Quem de nós sabe se amanhã estaremos vivos ou não? Deus é que sabe!

Se não puder pregar botões em dez camisas, pregue em pelo menos uma. Não existe trabalho inferior. Alguns companheiros acham que trabalhos que não aparecem não representam a condição de Discípulo. Puro engano! Pois bem, o trabalho realizado com amor é um trabalho bem realizado, independentemente do que seja. O papel do Discípulo é de amigo, de irmão, de socorrista, de coragem, de amor ao próximo, e isso sem sensibilidade, sem conhecimento, não é um papel verdadeiro.

45

INICIAÇÃO

O Trevo nº 316 (out/2000) Azamar

Iniciação é assunto sério, antigo e importante. Se assim não fosse, Edgard Armond não o teria incluído em quase todos os seus escritos desde 1940.

No Oriente sempre esteve em evidência, no Ocidente nem tanto. É pouco compreendida entre nós. Ainda está nos faltando uma boa síntese a respeito, tanto na sua acepção mais ampla, quanto na sua acepção mais objetiva, atualizada, e, principalmente examinada sob a ótica de Edgard Armond. A Iniciação Espírita, a nosso ver, constitui mais uma revelação do Plano Espiritual Superior, posta em prática por este companheiro, Espírito de escol, humilde e renovador.

Iniciação bem compreendida e vivenciada influi decisivamente nas nossas aprendizagens, na nossa Reforma Íntima, no nosso período de aspirantes ao discipulado e na nossa livre resolução de entrarmos ou não na FDJ, sem sermos pressionados. Por essas razões percebemos o quanto é importante a nossa livre auto-iniciação, conforme nos é ensinada por Edgar Armond.

O *Dicionário Aurélio*, sobre o verbete Iniciação, nos ensina: 1 – "Ato ou efeito de iniciar-se. 2 – Ato de começar qualquer coisa, início. 3 – Introdução ao conhecimento de coisas misteriosas ou desconhecidas. 4 – Admissão em uma sociedade secreta como, por exemplo, a maçonaria. 5 – Preparação pela qual se inicia alguém nos mistérios de alguma religião ou doutrina e a cerimônia dela decorrente... 6 – Processo ou série de processos correspondentes às diversas classes de idade, com que os jovens são iniciados nos ritos, nas técnicas e tradições da tribo, assim preparados para admissão na comunidade dos adultos... 7 – No sentido figurado: aquele que acaba de ser admitido em determinada instituição e está cheio de entusiasmo por esse motivo".

Aprofundando

A maioria das pessoas, no entanto, atem-se tão-somente às acepções 1 e 2, quando, na verdade, o assunto Iniciação é muito mais profundo e muito nos diz respeito. Iniciação não deve pairar no ar como algo vago e indefinido, como se nós não estivéssemos inseridos, até as raízes dos cabelos, nesse contexto.

A *Enciclopédia Brasileira Mérito* afirma: "A iniciação implica um conjunto de ritos que consagra a passagem do indivíduo de um estado ou condição de vida social ou religiosa a um outro, completamente novo, e que se considera, geralmente, uma nova vida, em relação ao estado anterior. São muito variadas as cerimônias de iniciação. Muitas vezes implicam provas bastantes violentas, devendo os iniciados dar mostras de grande valor individual e força física."

Na proposta espírita, não há iniciações sem Reforma Íntima e vice-versa. Uma completa a outra.

Conhecimentos

A *Enciclopédia Abril* nos ensina: "Iniciação é todo conjunto de conhecimentos sistematicamente organizados, exige a conquista preliminar de algumas ideias, de pressupostos e experiências básicas. Esse saber caracteriza a iniciação, que se encontra também no limiar de inúmeras instituições, sociedades secretas e religiosas, entre outras, como pré-requisito à integração dos indivíduos a seus quadros associativos. Os ritos de iniciação são cerimoniais, com aspectos geralmente privados, aos quais se submetem os novos filiados... Exige-se dos indivíduos a vivência de longos períodos de aprendizagem de regras e padrões culturais". (Volume 7, pág. 34). "Ao ser iniciado numa doutrina, o neófito precisa, antes de mais nada, purificar-se espiritualmente, a fim de fazer emergir seu ser mais profundo." (Volume 4, pág. 332).

Edgard Armond, em seu livro *Verdades e Conceitos II*, capítulo 26, nos diz: "No Egito antigo das primitivas dinastias, os próprios faraós se iniciavam, como se vê nos casos de Mena, da 1ª, Amenhotes IV, da 18ª, Ramsés II, da 19ª., contemporâneos de Moisés."

No século V antes de Cristo, os hierofantes, na antiga Grécia, preparavam os aspirantes ao discipulado e presidiam os rituais de iniciação. Os rituais eram estrambóticos em todas as religiões ou doutrinas, complicados, muitos até secretos, herméticos e dogmáticos, alguns com masoquismo, autoflagelação, magias e adivinhação.

Temos livros que nos dão conta da existência de mais de 140 rituais bárbaros de iniciação.

É bom que se deixe bem claro que na Aliança Espírita Evangélica e nas Escolas de Aprendizes do Evangelho não há nada secreto.

Estudos, aprendizagens, vivências religiosas, sem Reforma Íntima, sem iniciação é só simples informação, tudo cai no "laissez faire, laissez passer" dos lugares comuns, mundanismos que nos levam à corrupção, à desgraça, à violência e à infelicidade.

Resumindo: Iniciação, na concepção moderna, é a Reforma Íntima levada às últimas consequências, assim como a Reforma Íntima é a iniciação em si mesma. Com todas as suas forças renovadoras são capazes de verdadeiramente melhorar toda a humanidade pois, sem Reforma Íntima, moralmente a humanidade não tem progredido.

Conscientes

Antes de Edgard Armond, iniciação só era conseguida, a duras penas, por intermédio de gurus, de fora para dentro, criando dependências, tabus, às vezes até com requintes de masoquismo e de autoflagelação.

Edgard Armond nos trouxe a revelação divina da neo-iniciação, ou seja, a auto-iniciação, de dentro para fora do indivíduo, isto só por força do conhecimento consciente de Jesus Cristo, do conhecimento consciente da moral evangélica verdadeira, sem rituais, pela sincera e livre vontade íntima de se reformar para o melhor, para o Bem de todos e não só para o Bem dos que fazem parte da facção a que pertencemos, evitando com isso o malfadado sectarismo.

O iniciado, agora, não depende de qualquer guru. Sua iniciação, sua Reforma Íntima para o melhor só dependem dele mesmo, da sua firmeza interior em manter viva a renovação, isto porque aprendeu nas aulas das Escolas de Aprendizes do Evangelho: Deus nos criou simples, sem conhecimentos, porém, trazendo em nossas centelhas divinas todos os recursos para, com esforços próprios, nos desenvolvermos, e, assim chegarmos a nos religar a Ele.

Nas Escolas de Aprendizes da Aliança Espírita Evangélica aprendemos a Lei Divina, natural, sem rituais: Amar a Deus sobre todas as coisas e ao próximo como a nós mesmos. E que fora da caridade não há salvação.

Edgard Armond libertou a iniciação de todo seu aparato desnecessário, herança obsoleta de eras passadas. A iniciação atual é simples e natural, mas é mais difícil porque exige e depende do esforço próprio, autêntico, sincero, para a eternidade, sem depender que nos carreguem no colo.

Se lermos os livros escritos por Edgard Armond, veremos quanta coisa bonita e útil ele escreveu sobre iniciação. Vale a pena!

46

RECICLAGEM SOBRE A FDJ EM INDAIATUBA (SP)

O Trevo nº 322 (abr/2001)

Foi realizada em 18 de outubro a Reciclagem sobre a Fraternidade dos Discípulos de Jesus na Regional Piracicaba. O encontro, que abordou as ferramentas de autoconhecimento na Escola de Aprendizes do Evangelho, ocorreu no Grupo Semente de Luz, em Indaiatuba (SP). A seguir, os principais tópicos da reunião.

Sentir a Fraternidade — O companheiro Eduardo ressaltou que a oportunidade para encontros, nas Regionais, a respeito da FDJ, surgiu das Reciclagens sobre a Escola de Aprendizes do Evangelho no ano passado. Desses encontros, dos quais participaram os companheiros Jacques e Flávio, fundadores da Aliança, se evidenciou a necessidade de retomar os princípios da Fraternidade. "Principalmente em relação ao que sentimos e como vivenciamos a FDJ a partir da experiência da Aliança, movimento que propõe a vivência do Espiritismo em seu caráter evangélico", disse Eduardo. A EAE resultou no resgate da tradição das escolas iniciáticas no mundo ocidental.

Origens — Eduardo citou as origens da Fraternidade. Em, 1952 o Espírito Razin, divulgador da mensagem do Cristo através dos séculos, sugeriu a organização de uma instituição desses moldes entre os encarnados para que os esforços da Escola de Aprendizes não se perdessem. No espaço, as Fraternidades se caracterizam pela despersonalização e pela prevalência da causa do grupo, interesses pessoais não contam. As Fraternidades que se apresentaram para auxiliar a FEESP a partir da década de 1930, quando Edgard Armond iniciou a reorganização da Casa, deram repetidos exemplos de como seria possível essa organização.

Ser Discípulo — Ingressar na FDJ implica assumir uma postura de vida fora do Centro Espírita, acentuou Eduardo. Passar para a Fraternidade não se dá num instante apenas. Começa no processo da Escola de Aprendizes, existe a passagem de cada ano, o acompanhamento pelos dirigentes da atividade dos alunos, o período probatório. Esse período, aliás, de no mínimo 90 dias, se destina á reflexão do aluno fora do ambiente protegido da turma. O que se dá depois disso é um arremate, que mais serve como balanço e definição de um comprometimento.

Vícios — Ao questionamento sobre a necessidade de eliminação dos vícios no primeiro ano da Escola, Eduardo esclareceu ser esta recomendação de Edgard Armond que consta no *Guia do Aprendiz*. O companheiro Gitânio acrescentou que não se trata de "farisaísmo". Liberar-se dos vícios de repetição, corporais, repercute na ascensão aos planos superiores que a espiritualização favorece. Significa desapego à matéria. Nesse assunto, Lisane acrescentou que "o dirigente não deve agir no sentido da ameaça, mas de incentivar para conquistas".

Análise da Caderneta Pessoal — Trabalho delicado. Tanto que o fundador da EAE, Edgard Armond, guardou-o com exclusividade por quase duas décadas a partir da origem da Escola. Com a Aliança, o companheiro Jacques, primeiro diretor-geral da AEE, compartilhou essa experiência com outros companheiros. Com a regionalização da AEE, essa atribuição se espalhou. Para Eduardo, é preciso que os avaliadores se atenham ao uso para auto-análise e não se constituam em avaliadores do processo de Reforma Íntima em si. "Não há como julgar sentimento". Afirmou que "é claro que anotações exclusivamente descritivas, narrativas e com críticas a terceiros representam um espaço mal aproveitado".

Exame Espiritual — A finalidade do Exame Espiritual é recolher dos mentores a indicação de assuntos para os quais não é possível avaliação entre os encarnados. Um exemplo: um dirigente pode considerar que o aluno tem bom aproveitamento dos estudos, mas a espiritualidade sabe que, pela programação de existência para aquela encarnação, vai ser necessário conhecer e se aprofundar muito mais sobre o assunto. Nesse caso, a espiritualidade vai indicar esse caminho.

Trabalho — Ao questionamento sobre o que a Aliança recomendaria para os seus Discípulos, o companheiro Gitânio esclareceu que o campo de atividade é o mundo. Quanto ao que realizar, vai depender muito de como cada um se inserir no ideal. "Se a Aliança listasse os trabalhos próprios dos Discípulos, isso poderia causar alguma limitação indesejável, pois podem surgir novas frentes de atividade que ainda nem foram imaginadas."

Localização — Gitânio comentou também da importância de localização dos Discípulos e das pessoas que concluíram a Escola de Aprendizes do Evangelho. "Muito se fala do Discípulo em relação à FDJ. Mas a Fraternidade, como instituição, também tem responsabilidades quanto a seus integrantes. A primeira delas talvez seja a atenção, a busca de contato." O companheiro Eduardo lembrou relato feito na Regional ABC, em que determinados Discípulos não iam mais a trabalhos espirituais e outras atividades por doença, dificuldade de locomoção. A constatação levou os demais companheiros a se organizar para contar com a participação de Discípulos mais experientes. Nesse sentido, Eduardo incentivou a que Casas e Regionais promovam regularmente os chamados Encontros de Discípulos.

47

REUNIÃO DOS COORDENADORES DA FDJ

O Trevo nº 322 (abr/2001) Cláudia Lopes

Harmonização do conteúdo dos Cursos de Dirigentes de Escolas de Aprendizes do Evangelho das regionais a partir do primeiro curso formal da Aliança, realizado na década de 1980. As Regionais devem enviar os respectivos programas até 15 de maio.

Elaboração do Curso para Discípulos com 12 semanas de duração, que terá reuniões divididas em três momentos: estudos iniciático, relatos de atividades e trabalhos, exercícios de abertura (como vida plena). Reunião para elaboração desse programa está marcada para 28 de abril, sábado, às 9h, na Editora Aliança. Sugestões podem ser encaminhadas para a diretoria da FDJ da AEE.

Valorização das passagens para os graus de Aprendiz e Servidor em cada turma. As casas devem oferecer aos alunos o "Guia do Aprendiz" em sua nova edição, em formato de bolso (capa reproduzida na ultima página desta edição), na aula 17, Implantação da Caderneta Pessoal. Na passagem para Servidor, na virada para o segundo ano, a aula também não pode ser banalizada. Na aula 91-A[5], O Papel do Discípulo, deve ser oferecido o "Guia do Discípulo", para o Servidor avaliar ainda mais com subsídios se deseja se comprometer com discipulado.

Aproveitar os eventos de ingressos na FDJ como reuniões gerais da Fraternidade, estendendo explicitamente o convite de participação a todos os Discípulos.

Aprofundar os conceitos sobre Caderneta Pessoal, principalmente na ocasião da passagem para Fraternidade. Por esse assunto começará a próxima reunião de coordenadores regionais da FDJ,

[5] Atual Aula 100, conforme nova grade de aulas aprovada na AGI de 3/3/2003.

marcada para 16 de junho, às 9h, no C.E. Recanto da Fraternidade. Se houver condição, o encontro também vai avançar em outros quesitos que envolvem o ingresso.

❖

As conclusões do quadro acima surgiram da reunião de coordenadores regionais da FDJ, realizada em 17 de março, véspera da Reunião do Conselho de Grupos Integrados. O encontro, no C.E. Recanto da Fraternidade, no Embu (Grande São Paulo), foi muito produtivo.

O Companheiro Eduardo comentou a importância da decisão da Reunião Geral da Aliança do ano passado de dedicar 2001 para reforçar conceitos da Fraternidade dos Discípulos de Jesus. A FDJ a partir da Escola de Aprendizes do Evangelho se propõe a uma tarefa grandiosa: propiciar a iniciação sem furtar seus integrantes da convivência do mundo, o que a distingue da maior parte das organizações do passado.

Eduardo esclareceu que a FDJ surgiu na década de 1950 a partir da sugestão dos mentores da Fraternidade do Trevo, numa tarefa confiada a Edgard Armond, que já vinha estudando detidamente como as Fraternidades do Espaço se organizavam. Nas entrevistas que vem realizando com vários pioneiros do programa da Aliança, o companheiro Sérgio, da Regional São Paulo, Capital, reforçou essa informação. Em contato com o companheiro Jacques, Sérgio relatou que a FDJ pode ser entendida como uma necessidade para o movimento de Aliança, uma extensão dos ideais da Escola de Aprendizes do Evangelho para o mundo.

Nesse sentido, Linde, do ABC, explicou o Discípulo como alguém consciente, que realiza um trabalho diferenciado, tendo como parâmetro a própria capacidade, a continuidade do estudo e a Reforma Íntima como ideal permanente. "O Discípulo é aquele que já tem confiança em si e se garante espiritualmente", destacou Íris, também do ABC. Mas esse "se garantir" implica insulamento? Ao contrário, ressalvou Linde, que defendeu formas de os Discípulos estreitarem seus laços de Fraternidade. Daí também a proposta de o cadastramento de pessoas que concluíram a Escola de Aprendizes se estender às pessoas que, pelos mais variados motivos, se afastaram de atividades ligadas às frentes espíritas, ponderou o companheiro Gitânio.

O companheiro Eduardo disse considerar como grande desafio trabalhar o sentimento de Fraternidade. "Ainda saímos pouco do campo dos nossos interesses", afirmou. É possível expandir o sentimento da amizade e companheirismo até o "se sentir irmão", o que se registra em lampejos, na maioria das vezes.

No campo da iniciação espírita em si, Eduardo disse observar desequilibro do tratamento dos três graus da Escola. Há grande importância para a passagem a Discípulo, menos para a chegada a Servidor e menos ainda para Aprendiz. Saulo lembrou a definição do "Servidor como soldado de Cristo". Esse cuidado deve se estender ao critério de atribuição de notas a cada passagem de ano da Escola, citou o companheiro Luiz.

48

INICIAÇÃO ESPÍRITA EVANGÉLICA

O Trevo nº 323 (mai/2001) Cláudia Lopes

As escolas de iniciação religiosa, filosófica ou científica sempre existiram e continuam a existir, porque os conhecimentos em geral devem ser preservados, ampliados e transmitidos de geração em geração.

Os ensinamentos evangélicos, cuja base é o seu testemunho e a exemplificação do amor fraterno, têm sido vulgarizados pelos seus adeptos através da interpretação racional da doutrina espírita, em vez da vivência do seu verdadeiro sentido espiritual.

Essa distorção agravou a necessidade da formação de legiões de trabalhadores de boa vontade para agirem como instrumentos conscientes, humildes e disciplinados dos Espíritos Diretores do mundo, auxiliares do Cristo, na prometida Pátria do Evangelho.

As Fraternidades do Espaço se colocaram à disposição dos espíritas na criação de um sistema de Iniciação Espiritual com base no Evangelho, em graus sucessivos de aproveitamento visando fornecer meios seguros para as realizações no campo da Reforma Íntima.

Criou-se, em 1950, na Federação Espírita do Estado de São Paulo, a Escola de Aprendizes do Evangelho cujas características são:

• iniciação espírita de caráter religioso, com ênfase no seu caráter verdadeiramente espiritual para a formação espiritual dos adeptos;

• caráter aberto e popular, sem restrições de qualquer espécie; a base é a Reforma Íntima, visando transformações morais que o Evangelho exige;

• a meta é o reformar-se e instruir-se para ajudar os semelhantes a se evangelizarem, por amor ao Cristo e ao mundo;

• sistema de aprendizado em três graus: Aprendiz, Servidor e Discípulo (este último, quando adentrar à Fraternidade dos Discípulos de Jesus).

A Iniciação Espírita prevê um aproveitamento do aluno considerando o seu esforço, compromisso e conquistas no campo moral, para que ele tenha reais condições de ingresso em graus mais avançados.

É natural que para cada grau da Iniciação, de forma proporcional e progressiva, seja exigido do Aprendiz: a necessidade da exemplificação concreta e objetiva na condução e controle da Reforma Íntima individual.

Por exemplo: Quando Aprendiz, o aluno obtém conhecimentos evangélicos, inicia-se no processo de transformação moral, eliminando os seus vícios, não havendo exigências maiores; no grau de Servidor já se exige o testemunho nos trabalhos em bem dos semelhantes e significativos resultados conquistados na Reforma Íntima; finalmente no grau de Discípulo, temos o exercício pleno da compaixão ao próximo (uso do seu livre-arbítrio) e empenho na continuidade do seu aperfeiçoamento moral.

A avaliação consciente realizada pelo dirigente deve aferir a real condição do aluno, em que este esteja apto a assumir novos compromissos quanto a sua reforma íntima e consciente das novas responsabilidades inerentes ao novo grau.

Muitas Casas Espíritas ainda incorrem no erro da vulgarização dos ensinamentos evangélicos através da sua interpretação simplista e racional. Tratam a Escola de Aprendizes como qualquer outro curso: sem disciplina, despreocupada com o testemunho evangélico, desvinculada do exercício prático do amor fraterno e negligenciam aspectos espirituais.

As concessões viram regras, e lembrando o pioneiro Edgard Armond: "O dirigente que faz concessão está fadado ao fracasso".

Para retomarmos as origens da Iniciação Espiritual precisamos rever a nossa posição humilde e consciente de dirigentes, no papel de facilitadores (e não adulteradores ou complicadores) dos princípios e fundamentos da Iniciação Espírita. Para tanto, fica a seguinte reflexão: "Como cumprir com fidelidade os princípios, objetivos e finalidades da Iniciação Espírita?"

49

FDJ: DAS ORIGENS AOS DESAFIOS ATUAIS

O Trevo nº 323 (mai/2001)

O início da Fraternidade do Trevo, quando Razin retorna à espiritualidade, depois de tocado pela crucificação de Jesus, ter buscado conhecer e difundir o Evangelho. Este foi o ponto de partida para a Reciclagem sobre a Fraternidade dos Discípulos de Jesus, realizada na tarde de 1º de abril na C.E. Redenção, em Santo André, Regional ABC.

Dois Milênios

Nestes dois milênios de atuação, a Fraternidade do Trevo se vinculou a todos os movimentos que buscaram preservar, e mais tarde recuperar, o Cristianismo em sua feição original, de redenção e transformação de sentimentos. Como não poderia deixar de ser, os laços com o Espiritismo sempre foram firmes. Explicitaram-se a partir do trabalho de organização doutrinária empreendido por Edgard Armond a partir da virada dos anos 40 na Federação Espírita do Estado de São Paulo.

"O comandante muito estudou e observou a atuação dos grupos fraternais na espiritualidade até chegar à constituição da FDJ", relatou o companheiro Eduardo. A própria espiritualidade sugeriu, em 1952, a organização de uma fraternidade de encarnados que teria todo o apoio das esferas superiores. Em 1954 a FDJ foi inaugurada com os alunos que concluíram a 1ª Turma de Escola de Aprendizes do Evangelho.

Eduardo citou as escolas iniciáticas do passado, rigorosas na admissão e promoção de graus de seus integrantes. Gitânio citou o que distingue a FDJ de organizações semelhantes do passado. Se há preocupação com a passagem de cada grau, para que não se percam os valores do que é pretendido, a admissão é livre. Não há o que impeça a admissão de alunos à EAE, acesso à FDJ pelo programa da iniciação espírita.

Ser Irmão

"O Discípulo precisa se abrir para o mundo, servir a humanidade", disse a companheira Sidnéia. Mesmo com essa possibilidade de amplitude na atuação - que é um conceito exato, Eduardo afirmou que "o Discípulo não é um super-herói". O seu maior desafio, acrescentou, é exercitar o "ser irmão". O que, na Escola de Aprendizes, é facilitado pelos laços de afinidade que se formam entre pessoas que partilham do mesmo ideal de transformação e pela convivência em cursos e atividades pelo próximo.

Prece das Fraternidades

Houve vários comentários sobre o teor da Prece das Fraternidades, que foi oferecida pela espiritualidade às turmas da Escolas de Aprendizes do Evangelho como forma de ligação com o Alto. Foi lembrado ensinamento do companheiro Valentim Lorenzetti de que o mal a que se refere a prece deve ser entendido, antes de mais nada, como aquele que existe em cada um. Explicação que pode ser estendida a outras orações, como o Pai Nosso.

Organização

O companheiro Hélio lembrou que a FDJ conta com três setores: a Federação Espírita do Estado de São Paulo, a Aliança Espírita Evangélica e a FDJ - Setor 3. No que diz respeito à AEE, Gitânio explicou que o momento propicia fortalecer os laços de sentimento entre seus integrantes. O pedido de reunir informações sobre os Discípulos, pelo cadastro de conclusão da EAE, visa apenas manter um vínculo com todos seus integrantes. O objetivo não é convocar ninguém, tirar ninguém do seu campo de atuação. Até porque supõe que o Discípulo não se acomoda e procura atuar da melhor forma, na medida de suas forças, pelos ideais da FDJ.

É trabalho de Discípulo toda atividade de caráter voluntário. Magnífico é também quando o Discípulo atua pela mansuetude e pacificação onde muitas vezes nem é a isso pedido. Eduardo externou preocupação com a falta de motivação, principalmente de Discípulos mais experientes, exemplo para os neófitos. Citou que revalorizar a FDJ é hoje "uma cruzada para toda a Aliança".

Aproveitar os ingressos na FDJ como reunião para qual sejam convidados todos os Discípulos; elaborar um curso breve, que possa propiciar o encontro de integrantes da Fraternidade reciclando conceitos; a proposta de harmonização do Curso de Dirigentes de EAE entre as Regionais e o próprio Cadastro da FDJ são exemplos da existência efetiva da instituição. Isso, sem embotar a capacidade de cada Discípulo definir, criar e optar por uma frente de trabalho, afirmou Gitânio.

50

FRATERNIDADE — A EVOLUÇÃO DO SENTIMENTO

O Trevo nº 324 (jun/2001) Eduardo Miyashiro

Em português, há muitas palavras homógrafas. (Por exemplo, "manga", se enunciada fora de qualquer contexto: pode ser a fruta ou parte da roupa). Em diversas ocasiões, os Espíritos alertaram Kardec para essa dificuldade na interpretação de suas mensagens, um problema que, em maior ou menor grau, afeta todos os idiomas.

Quando se pronuncia a palavra "Fraternidade", podem vir à mente do ouvinte pelo menos dois conceitos distintos: o sentimento de fraternidade e o agrupamento de pessoas conhecido por Fraternidade.

Especificamente quanto à prática da Iniciação Espírita, que inclui a Escola de Aprendizes do Evangelho e a Fraternidade dos Discípulos de Jesus, os dois conceitos são importantes, portanto é vital que tenhamos clareza quanto a ambos.

A Evolução do Sentimento

Em nossa caminhada evolutiva, saídos da animalidade há relativamente pouco tempo (dezenas de milhares de anos são um infinitésimo do período de existência da vida na Terra), o homem sobrevivia fugindo e lutando. Atacava os que eram mais fracos e fugia dos predadores mais fortes, ou seja, um comportamento tipicamente animal.

Ao desenvolver a razão, e impelido pela necessidade de sobreviver, percebeu que a união cooperativa com os semelhantes lhe proporcionava melhores condições de sobrevida. Surge a família consanguínea, surgem as greis, os clãs, as tribos. Historicamente, os próximos passos se dão com o surgimento das cidades e as sociedades organizadas com a instituição de governo, clero, exército, justiça.

Essa progressão indica o sentido evolutivo da centelha divina: um deslocamento do foco de atenção do ego (somente o "eu") para o holos (o Todo). Isto seria o início de uma profunda digressão filosófica, mas queremos enveredar na direção de uma análise religiosa da questão.

Através da Evolução, conquistamos, por mérito próprio, os recursos do Amor e do Conhecimento. Para isso é condição indispensável o reconhecimento da paternidade divina e da nossa relação com o Criador.

A princípio, quando descobre Deus, o indíviduo O sente egoisticamente."Meu Deus", "Se Deus quiser", "Deus me livre" são expressões desse estado. Oferendas religiosas, promessas e até guerras em nome da religião também o são.

Mais adiantado, o homem admite que Deus é o Pai e Criador dos outros também. Primeiro só sente isso em relação aos seus próprios entes queridos, depois em relação aos que pensam como ele, que são parecidos com ele mesmo. E parece que, no momento, estamos um pouco estacionado nesse estado intermediário.

Nessa sequência histórica, é de uma clareza meridiana que um maior avanço espiritual requer que sintamos e reconheçamos que somos todos irmãos. Todos os missionários do Bem que anunciaram tal Verdade, por sua Causa foram incompreendidos e sacrificados.

Um dos maiores ensinamentos de Jesus a prece sublime, em sua primeira frase e sua própria denominação: "Pai Nosso". Não é somente o Pai dos judeus, ou dos galileus, ou dos oprimidos, ou dos seus seguidores. Também é o Pai dos romanos, dos egípcios, dos gregos, dos ricos, dos opressores, dos injustos, dos juízes, dos sacerdotes, dos escravos. Nos dias de hoje, relembra-nos que Deus é o Pai de brasileiros, europeus, americanos, africanos, governantes e governados, justos e criminosos, honestos e desonestos,. bons e maus, letrados e ignorantes...

Estamos falando de um sentimento de fraternidade. Sentir-se irmão do outro. Hoje, de maneira geral, somente abrigamos esse sentimento em sua plena intensidade com relação aos irmãos consanguíneos. É fácil constatar isso se nosso irmão de sangue sofre, sofremos juntos. Se temos diferenças com ele, dificilmente elas destroem nossa união. Até os pequeninos que tanto brigam com os irmãozinhos, mas no momento seguinte estão prontos para brigar para defendê-los. Se um irmão ou uma irmã adoece, ou enfrenta a dor, somos solidários e tentamos dividir o fardo com ele.

Esse sentimento tão forte em relação aos nossos familiares mais próximos indica que já alcançamos um estágio muito além de nosso ponto de partida, na Idade da Pedra.

Porém, ainda falta muito: esse sentimento de "sentir-se irmão", às vezes é estendido a outros parentes ou amigos de profunda afinidade. Mas o que sentimos pelo estranho que passa na rua, por aquele que está no mesmo ônibus, ou que trabalha na sala vizinha? Não. Nós somos cordiais, "civilizados", nós os consideramos como seres humanos, dignos de respeito, mas ainda não sentimos esse forte sentimento de "ser irmão". Apenas nosso cérebro reconhece, quando pensamos como Deus nos criou. Mas o coração ainda não sente assim.

Que pensar, então, de um mal-encarado que nos aborda na rua? Irmão? Não, nem de longe! Um potencial inimigo, do qual vou fugir ou contra quem vou combater...

Falamos da mensagem deixada por missionários do passado. Conhecer a vida de Francisco de Assis é conhecer uma referência para a grande Lição da Fraternidade. Ele não somente escreveu, no *Cântico das Criaturas*, a expressão "Irmão Sol, Irmã Lua". Ele abraçou o feroz lobo da cidade de Gúbio. Agradeceu a lavagem dos porcos que recebeu para comer em sua mendicância pelos pobres. Orou pela paz espiritual do Papa Inocêncio e do Sultão Mohammed. Pediu, com coragem e serenidade, ao irmão fogo que tivesse piedade dele quando o médico precisou queimar as feridas de seus olhos. Ele se sentia irmão do Sol, da Lua, do lobo, do rico, do papa, do sultão, do fogo, enfim, de todos e de tudo...

O progresso se faz em etapas. É difícil conceber que a Humanidade recém-saída da animalidade salte para a angelitude. Nossos exercícios de evolução espiritual devem ser repetidos em numerosas reencarnações. E hoje, no século 21, devemos exercitar um pouco em todos os nossos círculos de relacionamento. Tolerância com os colegas de trabalho, de estudo, vizinhos, condôminos, companheiros de práticas esportivas, consumidores, fornecedores, empregadores... São tantos os vínculos de relacionamento do mundo moderno... Oportunidades inúmeras de treinar fraternidade.

Fraternidades Espirituais — Um Conceito Que se Perdeu no Tempo.

Para acelerar esse exercício de fraternidade, aproximamo-nos dos irmãos por afinidade, através da convivência e atividades diversificadas. As irmandades religiosas, as associações profissionais, os grupos de trabalho social são exemplos conhecidos. Nesse contexto, o Centro Espírita constitui-se em interessante espaço para o exercício da convivência.

No passado, os sistemas de iniciação eram baseados na convivência em fraternidades, algumas isoladas e por vezes até conflitantes. As grandes fraternidades místicas estão citadas em diversos relatos históricos: os hindus, os persas seguidores de Zoroastro, os budistas, os kobdas, os flâmines, os essênios. No Ocidente, os mestres da Filosofia Grega constituíam escolas de sabedoria filosófica. Com aspectos iniciáticos, encontramos Pitágoras e sua fraternidade matemática.

Aliando as forças do Oriente e do Ocidente, Jesus revolucionou os caminhos do Espírito humano. Sua fraternidade de humildes pescadores não excluía ninguém. Pertencentes à aristocracia, como Suzana e Joana, a esposa de Cusa, foram tão bem recebidas como Simão, político zelote, Arimatéia e Nicodemos, sábios doutores da lei.

Forças do Mal, agentes do íntimo do coração humano a serviço do “ego”, organizaram-se para apagar da história a simplicidade dos primeiros cristãos, acarretando, em consequência, a eliminação da memória das legítimas fraternidades de iniciação espiritual.

Iniciativas isoladas de recuperação do conceito de irmandade ocorreram entre os templários, maçons, teosofistas, seguidores de Gurdjieff (filósofo místico da Rússia, que viveu no século XIX), e outras. Porém, a nosso ver, não alcançaram a necessária penetração nas massas.

Nossos Próximos Passos

Estes comentários têm como finalidade oferecer material para nossa reflexão. Devemos nos situar no processo evolutivo. Temos que ampliar a vivência prática do sentimento fraternidade.

Um dos recursos, é recuperar o conceito de vivência em uma Fraternidade espiritual. Esse conceito sempre existiu nas organizações do Plano Espiritual e esta é uma das contribuições da Terceira Revelação, ao resgatar a comunicação entre os dois mundos.

A tarefa de reviver esse conceito entre os encarnados foi iniciada, entre outros, por Edgard Armond, na década de 1940. Ao organizar o conceito e as práticas do Centro Espírita e estruturar a Assistência Espiritual, ele investigou a organização das equipes espirituais, redescobriu e evidenciou as Fraternidades do Espaço. Em contrapartida, estas o engajaram na tarefa de reimplantar a vivência em Fraternidade, propondo a Iniciação Espírita, que inclui a Escola de Aprendizes do Evangelho e a Fraternidade dos Discípulos de Jesus.

Este ano de 2001 foi escolhido pelo Conselho de Grupos Integrados e pela Diretoria da Aliança como período de revalorização da Fraternidade dos Discípulos de Jesus-FDJ. Tendo em vista nossa participação na evolução terrestre, e nossa profunda necessidade de ampliar o sentimento de fraternidade em nossas vidas, nós estamos sendo chamados a cooperar. A FDJ lançará, em breve, algumas propostas de vivência fraternal e estamos todos convidados a acompanhar, participar e contribuir.

Ao submetermos este trabalho à revisão do nosso companheiro Azamar, além das valiosas alterações que sugeriu, solicitou-nos acrescentar os seguintes comentários:

"Engajemo-nos no movimento do voluntariado em franco desabrochar no mundo. Sentir só o primeiro conceito expressado neste artigo é a intelectuação do assunto: vivenciar o segundo conceito é entregar-se de corpo e alma na Reforma Íntima para o melhor, do homem velho para o Novo Homem, recomendado por Jesus".

51

RECICLAGEM ENFATIZA DINAMISMO DA FDJ

O Trevo nº 324 (jun/2001)

Em 6 de maio passado, data que marcou os 51 anos de existência da Escola de Aprendizes do Evangelho, houve reciclagem sobre a Fraternidade dos Discípulos de Jesus na Regional Litoral Sul da Aliança. O encontro no C.E. Estrada de Damasco, em São Vicente (SP), contou com 53 participantes, numa reunião expressiva.

O companheiro Eduardo iniciou a exposição sobre conceitos da FDJ relacionando essa organização ao sentimento que lhe empresta o nome e, em consequência, à irmandade. "A humanidade sabe que todos são irmãos de todos, mas ainda não sente dessa forma."

Houve uma descrição breve de como funcionavam as irmandades do passado na Grécia, na Índia, na Pérsia, no Antigo Egito e na Palestina. E de seu ponto em comum com a Iniciação Espírita — O Estabelecimento de um processo de transformação espiritual a partir dos conhecimentos propiciados aos integrantes da escola iniciática.

Pesquisa de Armond

A aproximação das fraternidades espirituais à Federação Espírita do Estado de São Paulo, na década de 1940 permitiu ao pioneiro Edgard Armond entender a organização dos grupos enviados pela espiritualidade superior. Da Assistência Espiritual padronizada à sugestão do programa da Escola de Aprendizes do Evangelho, houve um largo passo para que no plano material se pudesse encetar uma experiência de restaurar organizações desse tipo.

A partir da recomendação do Espírito Razin a Armond surgiu a FDJ como organização, reunindo pessoas que concluíram com êxito o programa da EAE, que abrange o Velho e o Novo Testamento, além da Terceira Revelação, em seu currículo de aulas. Programa que visa levar a um comprometimento sem volta com o aperfeiçoamento espiritual por intermédio da busca de conhecimentos e da aplicação do aprendizado e do sentimento renovado em favor do próximo.

A FDJ deve representar para cada integrante um campo de realização e vivência em fraternidade, com sinceridade e lealdade. Deve haver apoio e auxílio mútuos. "O lema da Aliança - confraternizar para melhor servir - tem uma dimensão muito maior do que a usualmente empregada", enfatizou Eduardo. Adalberto afirmou que para o ingresso na FDJ não podem faltar humildade, determinação, conhecimento e coragem.

Importância do Estudo

A Caderneta Pessoal deve continuar a ser utilizada com o mesmo empenho. A companheira Vilma chamou a atenção para o valor do estudo das Fraternidades. O companheiro Nelson ressaltou que "a própria Terceira Revelação oferece vasto campo para a atuação do Discípulo". Foram comentadas várias atividades que podem ser desempenhadas pelos integrantes da FDJ.

Eduardo ressaltou a necessidade de valorização dos três graus da Iniciação Espírita (Aprendiz, Servidor e Discípulo), cada um marcando etapas conquistadas. Luiz citou que as aulas que marcam as mudanças de grau no curso da Escola não podem ser tratadas de forma banal. São boas ocasiões para propiciar testemunhos de Discípulos aos alunos. Para o companheiro Marreiro, a conclusão da EAE representa adentrar "O ABC DO EVANGELHO". Enfatizou a aproximação que se verifica entre as diversas religiões. O companheiro Gitânio lembrou o conceito de Paulo, que descreve a prática das virtudes como a verdadeira "Religião de Deus".

A FDJ não é uma organização estática. Reflete o modo de viver, o progresso espiritual e a disposição de colaborar com o mundo - não interessando em qual circunstância - dos seus integrantes. Gitânio ressaltou a importância das reciclagens que vêm ocorrendo nas Regionais, que deve contar com o maior número possível de dirigentes e expositores de Escola de Aprendizes do Evangelho. Relatou outras atividades em curso que visam fortalecer a FDJ: O Cadastramento de Discípulos e pessoas que concluíram a EAE, a montagem do programa do Curso para Discípulos, o início do estudo para harmonização do Curso de Dirigentes de Escola e a valorização dos demais graus (Aprendiz e Servidor) da Iniciação Espírita.

52

ARGENTINA: INGRESO A LA FDJ

O Trevo nº 324 (jun/2001) César

El Encuentro Intermedio del 25 de febrero del corriente año estuvo "más que especial", porque los alumnos de la Ira. turma de Mensajeros de Luz y de la 2da, turma de Allan Kardec hicieron su ingreso a la Fraternidad de los Discípulos de Jesús. La tarde, muy emotiva, nos encontró junto a hermanos de Brasil quienes participaron incentivando y esclareciendo a los alumnos ingresantes sobre la responsabilidad del momento y los deberes que, como Discípulos, enfrentan de ahora en más.

El trabajo fue intenso, y la compañía del Mundo Espiritual Superior se hizo sentir, por el ambiente y el buen ánimo de todos los que participaron. Dejamos para todos ustedes los mensajes espirituales que se recibieron, para una lectura profunda y comprometida.

"¡Adelante siempre!

Queridos hermanos,

Estamos participando de este momento de alegría y reflexión. Alegría de la llegada, después de la Escuela de Aprendices de Evangelio, por todo el esfuerzo, la voluntad en la reforma íntima, superando obstáculos con fe, fuerza y coraje.

Todos fueron probados, interiormente y exteriormente. Pasaron por pruebas y aprendizajes, preparándose con fe y esperanza para ir adelante, sabiendo del compromiso de trabajar, de hoy en adelante, con más fuerza.

Todo lo demás depende de ustedes mismos. Serán probados nuevamente en la fe, para testimoniar la firmeza de los Discípulos. Todos somos siempre probados, los obstáculos siempre existirán.

El compromiso es grande, la tarea mayor, empleando el conocimiento y la preparación individual.

Sed mansos y humildes de corazón — piensen profundamente en eso, firmes en las pruebas del camino, pues a quien más se le da, de él más se espera.

Fue para eso la preparación que tuvieron. Recuérdense de todo lo que pasó con cada uno en el ambiente familiar. Dificultades fueron superadas. Ahora ya están preparados, y deben tener más fe y coraje en sí mismos.

Todos fueron escogidos para esta tarea.

El Discípulo de Jesús debe ser probado en la fe para trabajar por los demás..

No cierren los libros y recuérdense de trabajar, trabajar y trabajar.

Es hora de llevar esta fe, llevando en el corazón el símbolo de los Discípulos de Jesús. Trabajen por el Maestro, trabajando por los enfermos y necesitados.

Todos nosotros nos sentimos alegres porque ha llegado este momento. ¡Adelante hermanos! Que nada pueda interrumpir su trabajo, fortalecidos por la fe y el amor, sigan trabajando por Jesús . Esta es la meta de cada uno de ustedes: trabajar por Jesús.

Aquí estamos, acompañando a cada uno en todo lo que están haciendo, felices por haber legado hasta aquí.

El camino es amplio, de trabajo, amor y entrega. Debemos cumplir siempre los deberes de familia sin olvidar los compromisos espirituales asumidos.

Derramamos sobre vosotros nuestros mejores votos para seguir adelante, más firmes y seguros.

¡Siempre Adelante! Muchas veces caerán, pero estaremos con ustedes.

Pedimos al Padre: bendiga a nuestros hermanos que están asumiendo este gran trabajo.

Bendiga todo este grupo, sus hogares y familiares, envolviendo a todos con Su Amor.

Y decimos: ¡Adelante siempre! ¡Con fe, amor y esperanza!"

Médium: Concepción Mauri Palacios

"¡Id y trabajad, trabajad y trabajad!

Queridos hermanos,

¡Saludos fraternos a todos! Y, en especial para estos Discípulos que hoy están sintiendo diferentes aspectos de este sentimiento humano.

Sientan próximos a ustedes a sus mentores espirituales trabajando intensamente para fecundar la tarea de los nuevos y antiguos Discípulos de Jesús, y para insuflar en sus mentes que hoy es el inicio de una etapa de que el ser humano no se dio cuenta: una nueva era, un nuevo siglo.

Es grande la necesidad de comunicación que tiene el Plano Mayor, para que ustedes puedan percibir las radiaciones que podrán fortalecer los diversos grupos, hoy en esta Alianza espiritual y humana, y que debe proveer las energías para la obra del nuevo Centro Espírita Edgard Armond.

Para las iniciativas de esta tarea, reciban las energías para el trabajo, y sentirán un cambio total en sus percepciones y en el desenvolvimiento de su intuición.

Vibremos juntos (los dos planos) para que el foco de luz, la energía radiante, se proyecte sobre las zonas espirituales donde los Discípulos de Jesús van a trabajar.

Aquí se implantará una fortaleza espiritual para atender a las necesidades de los dos planos.

¡Id y pregonad! Dice el profeta.

¡Id y trabajad, trabajad, trabajad!

(...)

Las vibraciones de otros planos son sentidas por el Maestro de los Maestros, por el Médico de las Almas, Divino Hermano Salvador y somos protegidos bajo su manto, a cada hora, a cada minuto, a cada segundo.

¡Señor! ¡Aquí estamos recibiendo la dádiva divina que nos dejaste hace milenios, sin apariencias, con sinceridad, para ser merecedores, en nuestros corazones, de la purificación y, en nuestros actos de la luz!

¡Padre! ¡Tu sabes de todo y de cada uno! ¡Protégenos! ¡Danos fuerza, para que podamos comprender que la tarea es importante, para que este Planeta Tierra pueda resurgir con toda la claridad y la refulgencia de un sol divino. Para que la humanidad venga y se vuelva para la moral, para el sentido de la vida!

¡Sean bendecidos, apreciados Discípulos!

¡Hasta siempre!"

Médium: Joaquina Barba

53

COORDENADORES REGIONAIS DA FDJ

O Trevo nº 325 (jul-nov/2001)

Em 16 de junho, ocorreu a reunião dos Coordenadores Regionais da Fraternidade dos Discípulos de Jesus, C.E. Recanto da Fraternidade, Estrada Keishi Matsumoto , 860, Jardim Tomé no município de Embu, na Grande São Paulo, com inicio às 9h30 e conclusão às 17h00. Programada para acontecer trimestralmente, sempre na véspera da reunião do CGI teve como pauta inicial o debate dos seguintes temas: Procedimentos para ingresso na FDJ; Avaliação da Caderneta Pessoal; Padronização do Curso para Dirigentes da Escola de Aprendizes do Evangelho; Programa específico de encontros para os Discípulos; Organização do cadastro da Fraternidade.

O companheiro Gitânio iniciou a reunião lembrando que as finalidades da FDJ não estão limitadas à organização de uma instituição, como também não pode ser algo burocrático. Por isso mesmo, destaca-se a necessidade de se priorizar o cadastro dos Discípulos, com dados como endereço e telefone para contato. O cadastro tem o objetivo de Fraternizar os companheiros distantes, estreitando laços de vivência fraternal. Além disso, pode tornar-se uma fonte de informações úteis para o programa de expansão do movimento da Aliança, dada a procura de apoio mútuo por Discípulos que se mudam para pontos distantes do país e manifestam interesse na criação de novas frentes de trabalho.

Por exemplo, um Discípulo pode não saber que há um outro companheiro Discípulo no Rio Grande do Norte, e unindo os esforços poderão até formar um novo núcleo espírita naquele local.

Em geral, precipitadamente, examina-se o afastamento do Discípulo por uma falta de congraçamento, quando circunstâncias outras como provações e dificuldades podem ser o motivo de tal distanciamento. Pode-se dinamizar o cadastro eletrônico por meio do e-mail ou muitos outros recursos de comunicação de que dispomos atualmente.

Critérios Para Análise da Caderneta Pessoal

O Companheiro Eduardo lembrou que entre 1952 e 1954, quando dirigiu a primeira Turma da EAE na Federação, Armond definiu os procedimentos para análise de um turma encerrada, como fazer o período probatório, como realizar o exame espiritual para ingresso na FDJ e a análise de Caderneta Pessoal, etc.

Em 1967, ele deixou de acompanhar as turmas da Escola de Aprendizes. Percebemos então que Armond, de 1950 a 1967, fazia sozinho a análise das cadernetas de todas as turmas.

Praticamente seis meses após a fundação do movimento da Aliança, ou seja, no início de 1974, Armond passou ao Jacques a tarefa de realizar essa análise, com a responsabilidade de garantir uma uniformidade de trabalho, que foi mantida ao compartilhar tal tarefa com o grupo unido em torno dos altos objetivos da Fraternidade.

Certa feita, por ocasião do ingresso de algumas turmas na FDJ, a secretaria da Aliança recebeu as cadernetas de um determinado grupo sem nenhuma anotação, totalmente em branco. A partir daí, criou-se a necessidade de definir como obrigatório o recolhimento pelo dirigente da turma, a cada 90 dias para análise da caderneta.

A partir do momento que a Aliança foi descentralizada, em 1988, em decorrência de uma maior expansão do próprio movimento, a direção também foi descentralizada, delegando esta direção ao Conselho dos Grupos Integrados (CGI) e aos Coordenadores Regionais, que precisavam desenvolver experiência para essa tarefa, perdendo assim, naturalmente, a uniformidade de trabalho que havia antes quando a direção era centralizada.

Hoje, nesse processo de retomada as Regionais têm acusado dificuldades de somar esforços com qualidade, no acompanhamento e avaliação das Cadernetas.

O companheiro Vladimir lembrou que, num processo de análise, a postura do avaliador de Caderneta deve ser objetiva (não que a Caderneta seja um assunto frio), mas o ideal é realizar uma análise isenta de sentimentalismo, paternalismo ou protecionismo em função de conhecer o aluno ou o dirigente da turma.

Azamar explorou a questão da importância de valorizar o esclarecimento do formulário das *Instruções para uso da Caderneta Pessoal*, que normalmente é anexado na própria caderneta do aluno sem que se dê maior importância na orientação. Quando se analisa uma Caderneta Pessoal de um aluno é como pegar um pouco do coração do indivíduo no relato de seus sentimentos, esta Caderneta como instrumento de Reforma Íntima deve ser amada e respeitada.

Há duas fases na avaliação das Cadernetas. Em primeiro lugar, cabe ao dirigente da turma, a cada 90 dias, proceder a uma análise. A segunda fase ocorre quando a Caderneta é avaliada por um Discípulo para ingresso na FDJ. O dirigente conheceu, aprendeu, conviveu com o aluno semana a semana, invoca a si uma autoridade que acompanhou o esforço do aluno por dois anos, e pode-se criar um conflito de opiniões com o avaliador, o que é natural, porque nós, como seres humanos, ainda temos dificuldade de nos avaliarmos ou não somos bons juízes de nós mesmos. Por isso, o avaliador tem a incumbência de completar essa análise.

O dirigente conhece o aluno, e o avaliador conhece a Caderneta e procura nos relatos extrair os sentimentos, pois, as Cadernetas, por si, podem, retratar o esforço de reformulação de um aluno.

Uma das soluções é o dirigente da EAE analisar a Caderneta da forma como é feito na FDJ, sem sentimentalismo, sem paternalismo, mas ater-se ao uso como instrumento, observando as falhas de forma construtiva, orientando o aluno na confecção das anotações.

Cada dirigente, como Discípulo, deve ajudar seus irmãos de jornada a utilizar melhor este instrumento para a FDJ.

Um modo disciplinado para analisar um grupo de Cadernetas, é classificá-las em três categorias:

a) Cadernetas que retratam com clareza a utilização: fica clara a exposição do aluno quanto ao esforço empreendido na sua reforma íntima;

b) Cadernetas em que facilmente se observa que não está retratado o esforço de auto-análise e modificação interior, servindo como diário, lamentações, queixas, sem propostas;

c) Cadernetas em que existem dúvidas se está coerente, ou em que há muitas oscilações entre relatos do tipo "a" ou do tipo "b". Nesse caso, é conveniente deixar essa Caderneta "de lado" por uns dias, após o que a analisamos novamente e se ainda assim não é possível dirimir a dúvida, podemos conversar com algum outro companheiro mais experiente no processo, para tentar esclarecer a questão.

Os representantes da Regional da Capital, SP, relataram o modelo adotado por aquela regional, em que é agendado, no início do ano, um encontro obrigatório com os dirigentes das turmas ingressantes naquele ano, no qual são relembrados e debatidos os critérios de análise. Se o dirigente não comparece a este encontro, ele não pode conduzir sua turma no ingresso na FDJ.

Na reunião anual entre dirigentes e avaliadores, a meta é uniformizar os procedimentos do processo dos avaliadores e procurar o entendimento dos dirigentes, sendo analisado o uso da ficha dos avaliadores, (*Vivência do Espiritismo Religioso*, 5ª ed., pág. 84).

Muitas das divergências têm origem nas falhas dos dirigentes das turmas. Anteriormente, quando a Aliança era centralizada, o Curso de Formação de Dirigentes era realizado por meio de um Exame Espiritual, na sexta-feira, e o curso se estendia durante o sábado, em caráter intensivo, o que nada mais era senão uma reciclagem para rever os pontos importantes do programa da EAE. Com o passar do tempo, o surgimento de novos dirigentes trouxe a necessidade de se aprimorar esse trabalho chegando atualmente a este formato atual: o Curso se estende por nove semanas de aulas e mais o Exame Espiritual no encerramento.

O companheiro Diógenes, Coordenador da Capital, SP, ressaltou a importância de atitudes como o CEAE – Genebra, em que, nas futuras turmas que o dirigente for responsável na direção, independentemente de não ter feito anteriormente, precisará fazer esse curso novamente.

A companheira Amélia, representante de Araraquara, destacou a relevância da questão, e está realmente preocupada com os rumos das turmas, indagou o que poderia fazer no caso desses dirigentes que não participam de reciclagens, seminários e encontros da Regional e da Aliança.

Eduardo ressaltou que cada Regional deve criar seus mecanismos que deem as condições para que estes dirigentes participem desses eventos. E acabou enumerando uma série de fatos em que fica evidente que participação ativa e consciente é fundamental:

a) os alunos para passar do primeiro para o segundo ano, ou do segundo para o terceiro ano, estão sujeitos ao cumprimento de uma série de atividades para se qualificarem e obterem condições de aprovação que os próprios dirigentes devem verificar, não obstante ao esforço de cada um.

b) quando um aluno consegue aprovação no exame espiritual da FDJ, se não estiver presente na Cerimônia Privativa, não pode ingressar, em virtude da oportunidade única de vislumbrar a presença imaterial da Fraternidade.

c) para ser um dirigente de Escola, ele terá de ser Discípulo e ter realizado o Curso de Formação de Dirigentes, devendo ser escolhidas pessoas conscientes da importância do processo iniciático da EAE.

Retornando ao assunto dos avaliadores, lembrou-se que devem observar se o aluno utilizou a Caderneta, por meio das diversas anotações. Quanto à sua introspecção e auto-análise terá de reconhecer, mesmo que não concorde com a sua forma de agir ou pensar no relato de sua Caderneta, como por exemplo: *eu ainda me revolto com a atitude de meu pai*. Para um aluno que está prestes a ingressar na FDJ, talvez a sua atitude, modo de agir ou pensar pudesse ser diferente, mas quem sabe nesta anotação teve a oportunidade de fazer a introspecção do porquê se ele se revolta como o seu pai, embora por esta anotação não esteja explícito o sentimento que deverá trabalhar. Ou seja, é inegável que o aluno está a meio caminho de importantes descobertas quanto a si mesmo.

Observamos no primeiro ano da EAE as narrativas: *briguei com a minha mãe*. Nesta situação, está pensando mais em si mesmo no segundo ano da EAE: *briguei com minha mãe e fui muito agressivo*, a análise em si já procura detectar o comportamento (agressivo) e busca elaborar propostas para sua melhoria interior.

Quanto ao fumo, a bebida ou até a gula, são aspectos objetivos e que podemos observar por intermédio do comportamento do indivíduo.

Nos aspectos maledicência, sensualismo, já se verificam aspectos subjetivos, casos em que muitas vezes não são expressos no seu perfil de comportamento.

O uso da palavra depende muito de quem observa, como depende da cultura. Por exemplo: em certos países, o modo de falar é muito mais contido do que o do brasileiro.

As anotações com repetições de fato, situações e sem conclusões na auto-avaliação indicam que o aluno está fazendo o uso errado de sua Caderneta.

O avaliador não é um juiz, não deve avaliar a evolução espiritual do indivíduo, o desenvolvimento dos seus trabalhos e dos seus estudos.

Será sempre interessante que o dirigente quando fizer a análise da Caderneta, não se envolva com o sentimentalismo e paternalismo, mas dissocie o processo de análise como um instrumento para medir se ele está realizando adequadamente esforços no campo da Reforma Íntima e se desta forma ele teria condições futuras de poder ingressar na FDJ, caso assim o solicite.

54

50 ANOS DE FRATERNIDADE DOS DISCÍPULOS DE JESUS

(Reunindo companheiros da FEESP, Setor III e Aliança Espírita Evangélica)

O Trevo nº 333 (jul/2002) Lenilda Genari

É difícil descrever a emoção que tocou a todos no dia 26 de maio de 2002 no teatro da FEESP – Federação Espírita do Estado de São Paulo. A inesquecível cerimônia daquele domingo ficará retida em nossa memória por muitos e muitos anos. Temos certeza disso, porque o evento não foi somente uma festa de homens, mas principalmente uma festa divina. É difícil procurar as palavras certas para descrever cada momento. Mesmo assim, tentaremos contar um pouquinho do que aconteceu.

Após a prece de abertura, o coral da Aliança Espírita Evangélica cantou como nunca havia cantado antes: simplesmente magistral. Eram anjos cantando com o coração e a alma, como se tudo dependesse somente deles.

Abrilhantou-se depois o coral da FEESP, com suas vozes harmoniosas, perfeitamente afinadas, de uma sonoridade sublime.

A união dos dois corais para entoar a "Prece dos Aprendizes do Evangelho" proporcionou uma emoção intensa, como se a união real de pensamentos se fizesse única em torno do mestre Jesus. Não houve quem não tivesse derramado uma lágrima.

Ouvimos então os convidados: Eduardo Miyashiro, com sua ligação intensa com o Plano Maior, falou serenamente como se fosse um outro ser e não ele mesmo, contando como era trilhado o caminho de um Aprendiz até sua chegada à Fraternidade dos Discípulos de Jesus, no plano dos encarnados. A vibração que sentimos nesta altura foi inigualável: muitos companheiros afirmam que jamais sentiram energia igual.

Na sequência, os companheiros do Setor III e da FEESP falaram da importância da Fraternidade dos Discípulos de Jesus. Após a prece final, contam que nossa companheira Dietline, discípula e coordenadora da FDJ da regional ABC, envolvida com o amor pelo Plano Espiritual Maior, levantou-se como se estivesse à frente de uma batalha e começou a cantar o Hino dos Discípulos. Foi seguida por todos. Parecíamos um coral celeste naquele instante! Ninguém tinha bandeira de segmentação religiosa. Formávamos um único pensamento. Demos as mãos formando uma só corrente, e muitos, nem conseguiam cantar, por causa das lágrimas.

Depois deste banho de luz, de intensa atmosfera envolvida de amor, saímos com aquela vontade de continuar naquele recinto todos juntos.

Nossos companheiros que estavam autografando livros ficaram no saguão da FEESP. Demorou muito para que todos se confraternizassem e fossem embora. Ninguém tinha pressa.

No mundo espiritual, a festa foi muito mais bonita: as laterais do salão estavam repletas de entidades espirituais, agrupadas por trabalho. Todos compenetrados e vibrando pelo sucesso do Encontro. Razin estava presente, juntamente com Ricardo e seus soldados, o anjo Ismael com sua bandeira, a Fraternidade de Maria de Nazaré e, como não poderia deixar de ser, Edgard Armond.

Enfim, companheiros, só nos resta fortalecer a vontade de nos colocar à disposição para o grande trabalho que espera cada um de nós na senda do Evangelho do Mestre. Que Deus nos abençoe! Que no ano que vem possamos comemorar mais um aniversário da Fraternidade dos Discípulos de Jesus unidos como estivemos desta vez!

55

O SIGNIFICADO DA FRATERNIDADE DOS DISCÍPULOS DE JESUS

A FRATERNIDADE nos é representada na figura do singelo Trevo e da eterna Aliança.

Não podemos concebê-la na flor sem uma pétala ou no elo partido.

O ideal se realiza pela soma de esforços que convivem em harmonia preservando tão delicada e bela flor. Reguemo-la com o espírito de cooperação e sem hesitações.

A união de sentimentos e propósitos elevados suportam a Aliança redentora para o bem servir.

A Fraternidade é maior do que cada um de nós. Se temos fraquezas individuais, é neste conjunto sublime que nos tornamos fortes. Assim como é justo o respeito às opiniões diversas, é certo o nosso dever na sustentação mútua para o exercício de amor que abraçamos.

Dos Discípulos — *"Sois o sal da terra e a luz do mundo"* — Jesus exortou seus discípulos a levarem a sua mensagem redentora pelo mundo através da prática de seus ensinamentos. Como seguidores de Kardec aprendemos: *"reconhece-se o espírita pelo esforço íntimo da auto-iluminação"*, no convite libertador da Reforma Íntima. Amparados pelo Divino Mestre e esclarecidos pelo Codificador, não nos cabem vacilações. Muito já recebemos e de nós muito se espera na Seara do Bem. Lembremo-nos do Convertido de Damasco que, diante das dificuldades e hesitações, recebeu Abigail e Estêvão a orientação oportuna: AMA – TRABALHA – PERDOA – ESPERA.

Paulo é para nós o exemplo a perseguir na autotransformação e no discipulado de amor.

De Jesus — Nas palavras do Sublime Peregrino, *"Eu e o Pai somos um"*. Deixemos que o Cristo viva dentro de nós, na harmonia e em unidade com o Seu amor que dedicamos ao nosso semelhante.

Sigamos Seus passos eternamente no Caminho, na Verdade e na Vida.

56

INICIAÇÃO ESPÍRITA X FDJ

O Trevo nº 336 (out/2002) Soraya Abdo Baarini

Quando o interesse pelo melhoramento desponta intimamente, surgem os anseios, buscam-se valores para preencher vazios que inquietam o Espírito. Muitas vezes já cansados de experiências negativas, com desenganos, depois de tanto viver em angústias, tristezas, procura o homem o caminho que o libertará, onde surgirá um novo sol que se fará brilhar. Nesta disposição, abrem-se novas perspectivas, surgem novos rumos e é neste momento que nos chega o aluno na EAE, esperando encontrar no dirigente o apoio para que esse novo amanhecer surja na sua vida. Como dirigente, devemos estar fortalecidos nesta caminhada para que possamos oferecer, através da Doutrina, dos ensinamentos de Jesus e das diretrizes da Aliança, bons exemplos.

A partir deste momento, sabendo das dificuldades que traz cada um dentro de si, temos que, com muita consciência, entusiasmo, responsabilidade e estudo, levá-lo ao despertar. Sendo apoio em seu processo de reforma íntima, reestruturação de caráter, para auxiliar no impulso de formação de nova personalidade e, acima de tudo, sermos capazes de ser exemplo de vivência dos ensinamentos de Jesus, tendo amor e caridade em nosso coração, vendo-o sempre com atenção e respeito.

Ainda assim, como dirigente, encaminhar o aluno num processo consciente de transformação, levando-o a alcançar cada grau da iniciação com perseverança, sem desânimo, vencendo vícios, defeitos morais e paixões sem esmorecimento até o fim. Em seus primeiros passos como Aprendiz, aprendendo a conhecer-se, purificando seu corpo quanto aos vícios (fumo, álcool, sensualidade, jogos).

Como Servidor, estar construindo seu caminho, servindo ao próximo com sentimento de caridade, dando sem receber. E, como

Discípulo compreendendo os graus alcançados manifestando em si o potencial latente, havendo compreendido os ensinamentos do Evangelho, fazendo-o dispor-se a viver superando tentações, conveniências e comodidades, assumindo compromissos, dando testemunhos através da exemplificação e do trabalho constante. Assim, o aluno atinge o ingresso à FDJ de maneira plena e consciente, preparado para vencer o mundo como um verdadeiro Discípulo de Jesus, compreendendo que este é apenas o primeiro passo neste trabalho de reforma interior.

Oração do Discípulo

(Mensagem recebida em 19 de julho de 2002, em um dos Encontros de Discípulos, no CEAE Vila Manchester.)

Senhor, faze de mim um instrumento de tua santa vontade.

Que eu seja merecedor de tua proteção, para com minhas mãos envolver outras mãos, acariciar meus irmãos, enxugar-lhes as lágrimas, apaziguar seu íntimo com a paz com que me envolves constantemente.

Senhor, que eu seja forte diante dos desafios da vida, para exemplificar tua fortaleza.

Que eu seja disposto e obsequioso na realização de Tuas obras, sem temer o cansaço, a solidão e a incompreensão.

Que Teus desígnios sejam para mim um roteiro que conduza a um viver reto e amoroso, amparado em Tua doce sabedoria.

Pai, sejamos apenas um na realização da paz no mundo e muitos na multiplicação de Tuas bênçãos.

Que o Teu amor, que cobre a multidão de pecados humanos, converta-me a uma compreensão mais profunda do significado de ser em Ti a criatura criadora.

Graças a Deus"

57

A INICIAÇÃO E SUAS FORMAS

O Trevo nº 341 (mar/2003) Helena Gerenstadt

Iniciação, qual o significado que tem para nós? É só uma formalidade? Entendo seja o início de uma nova experiência na vida ou a escolha de um novo caminho válido para as nossas vivências. Em remotíssimas épocas, as escolas de Iniciação eram vinculadas aos templos religiosos, cuja finalidade era desvendar ou explicar os segredos das religiões, denominados mistérios ou doutrinas secretas. Foram os primeiros ensinamentos que os avatares transmitiram ao gênero humano, considerados verdades divinas, concernentes a Deus, à criação e às leis da natureza, procurando elucidar o grande enigma da vida.

O propósito das escolas iniciáticas é promover o íntimo conhecimento do Criador e da Criação. A aprendizagem nessas escolas é gradual, cuidadosamente escalonada e cada etapa se faz acompanhar de um ritual mínimo de iniciação. A iniciação marca profundamente o iniciado, que passa a ser "aquele que nasce de novo"! Jesus Cristo refere-se a esse renascimento quando explica: "em verdade te digo, que aquele que não nascer de novo não pode ver o Reino de Deus".

A palavra iniciação é derivada da raiz latina *Initia,* na acepção de adquirir os primeiros rudimentos de uma ciência. Iniciação, em essência, é a transformação individual que implica na transição de um plano de consciência e desenvolvimento para outro. As iniciações são orientadas a estimular as transformações, exigindo-se virtudes e práticas na vida diária e, principalmente, nas reformas interiores, que induzem às mudanças de atitude.

Iniciação é um "segundo nascimento", porque abre ao ser humano um mundo novo, diferente, coberto de possibilidades de desenvolvimento de ordem superior, ou uma "regeneração" porque restabelece seu "estado primordial" que é a plenitude e a perfeição da individualidade humana, podendo elevar-se a estados superiores.

A verdadeira Iniciação ocorre para aqueles que estão devidamente preparados a "trilhar o caminho estreito como o fio de uma navalha". Depende de cada um de nós para que a mudança se efetive, sendo necessário uma reflexão sobre a verdadeira vida e sobre o novo caminho que estejamos dispostos a seguir, pois compreendem novos estados de consciência com relação às etapas evolutivas.

Toda Iniciação é um momento de muito respeito e de reverência, pois é a aprendizagem das leis divinas naturais, do aperfeiçoamento da consciência, pelo desenvolvimento progressivo dos poderes espirituais. O Iniciado sente-se um homem regenerado, ama todas as virtudes e deveres. Estes, ocupam nele o lugar dos vícios, paixões e defeitos que antes o dominavam. Não vive mais só para si mesmo, mas para a humanidade. Apesar de ter consciência da retidão de suas intenções, vigia constantemente seus pensamentos e, apesar de não se sentir capaz de cometer injustiças, reconhece em si debilidades de sua humana natureza. Sempre vigilante contra suas faltas, trabalhando sem cessar para o maior bem de todos e para conseguir sua perfeição.

Para que os conhecimentos possam ser proveitosos, é vital ter uma atitude mental "receptiva", pois exige do iniciado um esforço constante de assimilação, além da colaboração efetiva e voluntária. No momento que percebemos a existência de um novo caminho, que nos conduz ao encontro do nosso verdadeiro "eu", é porque já estamos nele. É a tomada de consciência para a evolução espiritual. Ao sentirmos nossa evolução e a abertura dos sucessivos níveis de consciência, entendemos que o esforço foi necessário e compensador, pois fica gravado na alma para a eternidade.

Até pouco tempo, as iniciações dependiam de gurus ou instrutores, aos quais os iniciados praticamente ficavam dependentes. Hoje, na Aliança, a auto-iniciação, revelada por Armond, é resultado do sincero esforço que o próprio interessado faz no trilhar o programa das EAEs, tendo a agradecer tão-somente a si mesmo pelo resultado de seu esforço evolutivo.

58

51 ANOS DA FRATERNIDADE DOS DISCÍPULOS DE JESUS

O Trevo nº 345 (jul/2003) Eduardo Miyashiro

O aniversário de 51 anos da Fraternidade dos Discípulos de Jesus foi comemorado em solenidade organizada pela FEESP – Federação Espírita do Estado de São Paulo, no último 25 de maio (2003), com a participação da Aliança Espírita Evangélica e do Setor III da FDJ.

Mais de 500 pessoas estavam no salão Bezerra de Menezes, principal auditório da FEESP, reunidas em comemoração deste importante evento.

O ponto central da solenidade foi a palestra apresentada por Martha Gallego Thomaz, colaboradora de Edgard Armond, focalizando o tema *"Fraternidades"*.

De início, a Orquestra e Coral *Carlos Gomes*, da FEESP apresentou números de seu repertório, entre os quais uma obra composta pela companheira Vera Apolinário em homenagem à FDJ. A seguir, o dueto composto pela soprano Heidi Lazzarini, pela pianista Silvia Regina Órfão e pelo tenor Marcos Antonio da Silva abrilhantaram os eventos com a interpretação de famosas árias do *"bel canto"*.

O presidente da FEESP, Avildo Fioravante, dirigiu palavras de incentivo e apoio à atuação da FDJ, enfatizando que os próximos 51 anos deverão constituir oportunidade para a maior aproximação fraterna dos três setores. No mesmo sentido posicionavam-se Regina Tuma Carlim, diretora da Área Social da FEESP (sendo a FDJ um dos setores pertencentes à Área Social), Eduardo Miyashiro, diretor geral da Aliança e Nivaldo B. Escrivano, coordenador de eventos do Setor III da FDJ.

A seguir, d. Martha lembrou a formação da FDJ, recordando que, em 1940, os grupos mediúnicos da FEESP estabeleceram o primeiro contato com as Fraternidades do Espaço ao identificarem a atuação da Fraternidade dos Cruzados.

Lembrou a atuação que os trabalhadores da FEESP tiveram na sustentação espiritual solicitada pelo Plano Espiritual Maior durante a Segunda Guerra Mundial e a descoberta do papel preponderante das Fraternidades do Espaço, cada uma atuando em esfera de ação específica.

Falou ainda da sede física da FEESP, localizada em conjunção com os departamentos de trabalho das Fraternidades localizados no plano invisível. Na colina onde hoje se instala a sede da Federação, havia uma pedra onde, à sombra de frondosa árvore, em 1554, Anchieta iniciou um luminoso trabalho de estudo do evangelho com os índios. Esta ligação espiritual entre os dois planos desenvolveu-se ao longo de quatro séculos e constituiu-se em importante frente de trabalho para a construção da definitiva Pátria do Evangelho.

D. Martha lembrou da atuação firme de Edgard Armond no cumprimento das metas apresentadas pelo Plano Espiritual Superior dentro desse projeto de evangelização da humanidade, com a organização material e espiritual da FEESP, a criação da Escola de Aprendizes do Evangelho e a formação da Fraternidade dos Discípulos de Jesus.

Finalizou lembrando o compromisso do Discípulo em ser fiel arauto do Evangelho do Cristo, declamando a poesia *Alegria* de autoria de Noel Rosa, do livro *Remexendo a Gaveta.*

Após o pronunciamento de d. Martha, o companheiro João Batista do Valle, diretor da área de ensino da FEESP anunciou que o Conselho da Federação autorizou a proposta formulada pelo Presidente, em decorrência de reunião conjunta dos dirigentes dos três setores, realizada em 9 de abril, no sentido de estabelecer um programa conjunto de atividades que consolide a união fraterna dos três movimentos.

No encerramento da reunião, todos os presentes puderam sentir as bênçãos do Alto, que depositaram suas esperanças em nossa sinceridade de propósitos para alcançarmos a legítima fraternidade através do trabalho conjunto.

59

DISCÍPULO É TÍTULO?

O Trevo nº 345 (jul/2003) Carlos José Parada

Se pararmos para refletir sob a curta ótica da simples conclusão da Escola de Aprendizes e o encaminhamento mecânico à FDJ para efeito de *"formatura"* da turma ou abastecimento das vaidades dos Dirigentes e alunos, talvez o discipulado seja tão simplesmente um título.

Paralelo a este aspecto existe o Servidor que não compreendeu na plenitude a grandiosidade da proposta da EAE e que, cristalizados em suas convicções não se aprofundam sobre a mesma ou simplesmente ignoram seus objetivos, rotulando o discipulado de *"cargo"* ou *"título*", e estreitando sua visão na formação das diretrizes da espiritualidade quando da organização das EAEs ainda na FEESP em finais dos anos 40 do século passado, fato este muitas vezes despercebido ou incorretamente exposto no programa de aulas das EAEs.

Através da orientação clara de Ismael está patente o amparo e a assistência da Fraternidade do Trevo aos trabalhos de Evangelização da humanidade pelas EAEs, não em caráter exclusivista, mas como eficaz ferramenta de libertação das inferioridades individuais. Houve a determinação e que fosse criado no plano encarnado uma Fraternidade, que fosse complemento final, inseparável e definido das EAEs e que deveria acolher todos aqueles que se proporiam a galgar os degraus da resignação e do esforço próprio para a devida dedicação à causa do Cristo, alicerçando seus propósitos dignificantemente no Sermão da Montanha.

A esta Fraternidade deu-se o nome de Fraternidade dos Discípulos de Jesus ou carinhosamente chamada de FDJ, também simbolizada por um trevo de três folhas.

Os primeiros companheiros (já libertados do plano denso) permanentemente ligados a esta Fraternidade passaram então a integrar uma extensão no espaço da mesma, realizando um verdadeiro elo com a Fraternidade do Trevo.

Transcendendo nossa pequenez racional, a FDJ proporciona habilitação a Espíritos potencialmente capazes de testemunhação e trabalho incansável na Seara do Mestre, sustentados por uma legião de incontáveis amigos ligados pelos cordões da fraternização e do amor incondicional, a cada instante acrescidos de mais e mais boa vontade, mas especial e intimamente entrelaçados pelos sentimentos a cada dia, exatamente às 22 horas.

Trata-se de um verdadeiro início de jornada e não de um final como muitos assim consideram. Quando fixarmos em nosso interior o forte e salutar labor da real fraternização universal é que compreenderemos a luminosa atuação dos Espíritos maiores da FDJ, e de nossa humilde colaboração ainda no plano material. Enquanto isso, devemos nos esforçar para como Aprendizes, compreendermos a profundidade dos propósitos da FDJ, tendo o trabalho como obrigação, como Servidores penetrarmos nos conceitos maiores, saindo da defensiva e abrindo nossa mente para o que é superior à nossa ignorância, recebendo a tarefa do trabalho como dever, e como Discípulos esquecermo-nos do *"título"* e gravarmos na alma o significado do trabalho como um prêmio.

Discípulo é aquele que se sublimou na glória de servir, e não o que sustenta um título formal. Pode ser tão imperfeito quanto os outros, mas é plenamente consciente de que pode e deve dedicar-se sem medir esforços à causa maior do Cristo, tendo o mundo como ambiente de trabalho. É o que sai das paredes do Centro para semear nas esferas necessitadas, sem melindres, rancores, críticas e que encara todas as atitudes do próximo como positivas, enxergando neste apenas as virtudes e recebendo as experiências negativas como oportunidades básicas para crescimento e aprendizado.

Pensemos melhor da próxima vez que dissermos: *"Discípulo é título"*.

60

Um Trevo...

O Trevo nº 349 (nov/2003) Paulo Avelino Amaral

A suave brisa noturna do Mediterrâneo sobre a grande vela quadrada impulsiona firme e continuamente o barco ao seu destino. Sentado na proa, fitando o céu profundo e as estrelas, estrelas que sempre o fazem recordar daquele olhar cheio de infinito, repleto de penetrante luz.

Tal lembrança lhe toca o coração e automaticamente ele busca nas dobras de sua roupa, junto ao coração, aquele trevo que ele colhera, junto ao pé da cruz, com uma gota do sangue d´Ele, e que depois se petrificara milagrosamente apresentando aquela cor verde com reflexos dourados. Que criatura extraordinária aquele Galileu!

Razin reflete então: ele se sentia como aquele trevo, é como se algo d´Aquele homem projetara-se sobre ele, penetrara sua alma e transformasse a sua palidez em cores vivas e brilhantes. A presença de Jashua impregnava a sua alma e uma nova vida rutilante se fazia, repleta de esperança, plena de doce alegria.

Ele ansiava por compartilhar com seus amigos, no porto que se aproxima, os feitos e ensinos deste homem, sempre presente, que nem mesmo a morte pudera eclipsar e, continuava aparecendo em corpo de luz para muitos que o conheciam.

Pensava consigo mesmo — A presença de Jashua em sua alma transbordava em fraterno amor por tudo e por todos...

Fitando o mar ele vislumbra ao longe pequeninas luzes de mais um porto que se aproxima. Novamente olha para aquele trevo, antes de guardá-lo, e diz: — Oh, Senhor! Sinto que muitos anseiam por sua presença, tal qual eu antes de conhecê-Lo, inspira-me para que eu possa partilhar de Ti para eles ... e também os felicite com sua presença.

1973 — No Brasil, as promessas de Jesus se cumpriram: o Consolador já se encontra entre os homens!

O milagre da vida imortal, já está acessível a todos "que têm ouvidos de ouvir e olhos de ver". Razin e seus amigos continuam a espargir a presença do Mestre nas almas... Já são muitos os que abraçam este mesmo ideal. Iniciados nas Escolas de Aprendizes do Evangelho, inspiradas por Razin, se fizeram por eleição íntima Discípulos de Jesus, para semearem em companhia do Mestre as sementes de uma nova humanidade, espiritualizada, fraterna, evangelizada, feliz...

Nesse ano de 1973, membros da Fraternidade dos Discípulos de Jesus reuniram-se no anseio de compartilhar suas vivências na seara do Mestre, inspirar outros, propagar os ideais da Fraternidade.

Inúmeras realizações se apresentam, mas é necessário guardar a comunicação, a união entre os Discípulos. Nasce então a ideia de um pequeno jornal, que deve ser o Órgão Informativo da FDJ. O grupo define o conteúdo da primeira edição. Cabe então dar lhe um nome. — Uma ideia... três são as letras da FDJ e três são as pétalas do trevo, uma pétala, cada pétala unida no centro do trevo, como a simbolizar a importância da união para que estas três forças difundam as boas novas...

2003 — Hoje, somos muitos grupos, milhares de membros na FDJ. *O Trevo*, nosso informativo, continua inspirando-nos à renovação, a estendermos aos nossos amigos as bênçãos, com que Jesus nos tem envolvido.

Que possamos manter o ideal de Fraternidade pelas páginas do nosso *O Trevo*.

Não deixe de conhecer as publicações da Editora Aliança.
Uma variada linha editorial.

BEZERRA DE MENEZES,
o médico dos pobres
Vida e a obra do
dr. Bezerra de Menezes, numa
de suas melhores biografias.

DIFERENÇAS NÃO SEPARAM
Obra mediúnica, pelo
Espírito Ranieri, com
abordagem segura sobre
assuntos diversos da vida.

EAE PERGUNTAS & RESPOSTAS
Seleção dos textos que versam sobre
o assunto em todos os livros de
Edgard Armond e nas edições das
três 1as décadas do jornal *O Trevo*.

ESPIRITISMO PRIMEIROS PASSOS
Linguagem clara e objetiva, este
livro traz os conceitos universais
que procuram unir o homem
à Espiritualidade Superior.

EDGARD ARMOND, meu pai
A história do homem
que criou as escolas
de Espiritismo no Brasil

EDGARD ARMOND,
um trabalhador da seara
Correspondências pessoais
tratando de questionamentos
doutrinários.

O CRISTIANISMO PRIMITIVO
Os acontecimentos históricos
que levaram as distorções
dos ensinamentos origiais
do Cristo.

HISTÓRIAS DAS FRATERNIDADES
Um livro que mostra como o
Ideal do Bem e a Força da
Afinidade e do Amor atuam pela
Redenção da Humanidade.

INICIAÇÃO ESPÍRITA
Curso regular das
Escolas de Aprendizes
do Evangelho.

VIVÊNCIA DO ESPIRITISMO
RELIGIOSO
Programas do movimento
da Aliança Espírita
Evangélica.

GUIA DO APRENDIZ
Edgard Armond escreveu elevando os
alunos a compreender as
responsabilidades no processo
de evolução espiritual.

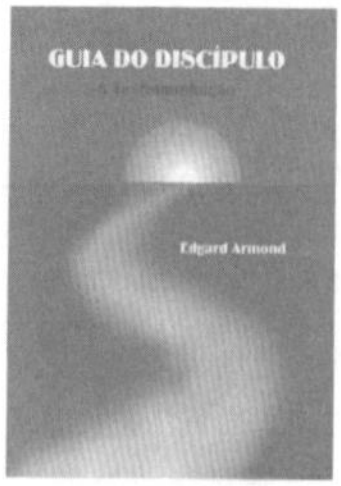

GUIA DO DISCÍPULO
Linguagem clara e objetiva, este
livro traz os conceitos universais
que procuram unir o homem
à Espiritualidade Superior.

SÉRIE EDGARD ARMOND

Sempre bons livros e muito conhecimento
à luz da doutrina espírita!

MÉTODOS ESPÍRITAS DE CURA
Métodos espíritas de cura,
o funcionamento da mente
e repercussões espirituais.
As cores e a aura.

DESENVOLVIMENTO MEDIÚNICO
Um roteiro para
o bom funcionamento
da mediunidade.

MEDIUNIDADE
Seus aspectos,
desenvolvimento e utilização.

PASSES E RADIAÇÕES
Métodos de cura e
tratamento espiritual.

AMOR E JUSTIÇA
Conflito de um casal entre
os erros da vida passada
e o momento atual.

ÀS MARGENS DO RIO SAGRADO
A índia como um cenário
de evolução espiritual

A DUPLA PERSONALIDADE
Estudo de um caaso de
regressão de vidas passadas.

Os Romances
e a
História
Espiritual
da Humanidade

NA CORTINA DO TEMPO
Sobreviventes salvos da Atlândida
preservam seus conhecimentos
detinados à posterioridade.

ALMAS AFINS
A trajetória de Espíritos afins
desde a submersa Lemúria
até os dias atuais.

A HORA DO APOCALIPSE
Esclarecimentos sobre a
polêmica da virada
do milênio.

OS EXILADOS DA CAPELA
A formação e evolução
das raças no
planeta Terra.

Os Temas Doutrinários e Evangélicos

O REDENTOR
Vida, obra e ensinamentos do Mestre da Galileia

RELEMBRANDO O PASSADO
Casos diversos vividos em 35 anos de experiências doutrinárias.

COMENTÁRIOS EVANGÉLICOS
Casos diversos vividos em 35 anos de experiências doutrinárias.

VERDADES E CONCEITOS I E II
O ideal de Aliança em importantes resoluções históricas.

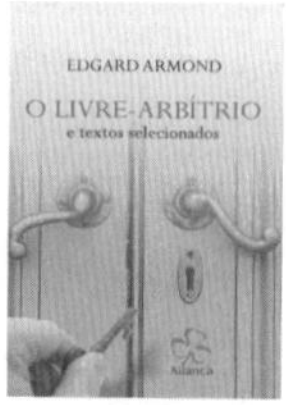

O LIBRE-ARBÍTRIO
O livre-arbítrio e a evolução do espírito são dissecados na lógica espírita.

RELIGIÕES E FILOSOFIAS
Estudo comparado entre as religiões e filosofias de ontem e de hoje.

RESPONDENDO E ESCLARECENDO
Resposta e centenas de questionamentos sobre Doutrina Espírita.

SEMEADURA I E II
Temas doutrinários abordados com objetividade e clareza.

ENQUANTO É TEMPO
Pontos essenciais da Doutrina dos Espíritos.

SALMOS
Enaltecimento à evolução e à reforma íntima pelo Evangelho.

MENSAGENS E INSTRUÇÕES
Importantes mensagens de Edgard Armond aos trabalhadores espíritos.

LENDO E APRENDENDO
Mais temas doutrinários, com índice remissivo de Semeadura I e II.

NA SEARA DO EVANGELHO
Focaliza assuntos da vivência diária, com explicações doutrinárias.

PRÁTICA MEDIÚNICA
Levantamentos sobre a realidade da prática mediúnica e melhores direcionamentos a respeito.

TIRADENTES MISSIONÁRIO
Prosa e verso sobre o momento espirutal da inconfidência e Tiradentes missionário.

FALANDO AO CORAÇÃO
Coletânea com orientações que auxiliam na transformação do homem-velho para o homem-novo.

O ESPIRITISMO E A PRÓXIMA RENOVAÇÃO
Coletânea de estudos doutrinários abordando temas diversos.

Este espaço de comunicação da Aliança Espírita Evangélica teve início no primeiro semestre de 2020, para intercâmbio de experiências entre dirigentes de casas espíritas em busca de novas soluções durante a pandemia de Covid-19.

Hoje, o Canal Aliança se tornou uma fonte de referências, sugestões, comentários e estudos para apoio às atividades de nossa Aliança.

Ajude-nos a fortalecer nossa presença nas redes sociais. Inscreva-se no **Canal Aliança** e acompanhe nossas transmissões, acessando:

https://www.youtube.com/@AEEcomunica